余 秋 雨 著

# 给青少年的
# 中國文化課

② 记 住 这 些 名 字

北京联合出版公司
Beijing United Publishing Co.,Ltd.

作者近影。2019 年 11 月 21 日．马兰摄

中国当代文学家、美学家、史学家、探险家。

一九四六年八月生，浙江人。早在三十岁之前，就独自完成了《世界戏剧学》的宏大构架。至今三十余年，此书仍是这一领域的权威教材。

二十世纪八十年代中期，因三度全院民意测验皆位列第一，被推举为上海戏剧学院院长，并出任上海市中文专业教授评审组组长，兼艺术专业教授评审组组长。曾任复旦大学美学博士答辩委员会主席、南京大学戏剧博士答辩委员会主席。获"国家级突出贡献专家"、"上海十大高教精英"、"中国最值得尊敬的文化人物"等荣誉称号。

在担任高校领导职务六年之后，连续二十三次的辞职终于成功，开始孤身一人寻访中华文明被埋没的重要遗址。所写作品，往往一发表就哄传社会各界，既激发了对"集体文化身份"的确认，又开创了"文化大散文"的一代文体。

二十世纪末，冒着生命危险贴地穿越数万公里考察了巴比伦文明、克里特文明、希伯来文明、阿拉伯文明、印度文明、波斯文明等一系列重要的文化遗址。他是迄今全球唯一完成此举的人文学者，一路上对当代世界文明做出了全新思考和紧迫提醒，在海内外引起广泛关注。

他所写的大量书籍，长期位居全球华文书排行榜前列。在台湾，他囊括了白金作家奖、桂冠文学家奖、读书人最佳书奖等多个文学大奖。在大陆，多年来有不少报刊频频向全国不同年龄的读者调查"谁是你最喜爱的当代写作人"，他每一次都名列前茅。二〇一八年，他在网上开播中国文化史博士课程，尽管内容浩大深厚，收听人次却超过了六千万。

几十年来，他自外于一切社会团体和各种会议，不理会传媒间的种种谣言讹诈，集中全部精力，以独立知识分子的身份完成了"空间意义上的中国"、"时间意义上的中国"、"人格意义上的中国"、"哲思意义上的中国"、"审美意义上的中国"等重大专题的研究，相关著作多达五十余部。联合国教科文组织、北京大学等机构一再为他颁奖，表彰他"把深入研究、亲临考察、有效传播三方面合于一体"，是"文采、学问、哲思、演讲皆臻高位的当代巨匠"。

自二十一世纪初开始，赴美国国会图书馆、联合国总部、哈佛大学、耶鲁大学、哥伦比亚大学等处演讲中国文化，反响巨大。二〇〇八年，上海市教育委员会颁授成立"余秋雨大师工作室"；二〇一二年，中国艺术研究院设立"秋雨书院"。

二〇一八年,白先勇、高希均先生赴上海颁授奖匾,铭文为"余秋雨——华文世界最具影响力的一支笔"。

近年来,历任澳门科技大学人文艺术学院院长、香港凤凰卫视首席文化顾问、上海图书馆理事长。(陈羽)

为厚厚的《中国文化课》出一个"青少版",是一件快乐而又艰难的事。

快乐,是因为惊奇地得知,有大量小朋友花费整整一年时间,天天收听我在网上播出的这门课程。人们告诉我:"六千万人次,年龄从八岁到八十岁。"八岁是太小了,就说十几岁的吧,也让我高兴。因为讲述文化的最终意义,恰恰就是面对年青一代,而他们,迟早又会改写我们的课程。这是一个充满生命活力的动态结构,标志着中国文化的创新主调。我在讲课时曾反复表述一个观点:"中国文化是一条奔流不息的大江,而不是江边的枯藤、老树、昏鸦。"现在好了,有那么多年轻生命大踏步地加入文化课程,我看到了"奔流不息"的前景,当然快乐。

但是,快乐背后是艰难。因为中国文化时间长、体量大、分量重,要为年轻人提供一个恰当的入门图谱,很不容易。所谓"恰当的入门图谱",也就是要在历史坐标和国际坐标中分得清轻重,抓得住魂魄。这件事,我在给博士研究生讲课时已经反复思虑,但是那样的课程对青少年来说毕竟太复杂、太深奥了。这就像把一副沉重的担子压在稚嫩的肩膀上,实在于心不忍。

就说我那本根据网上课程整理而成的《中国文化课》吧，洋洋六百五十页，即使放在成人的书架上都显得太抢眼了，当然更比年轻人书包里的其他书籍厚得多、重得多。每次看到很多不认识的孩子捧着这么一本大书坐在屋子一角慢慢地读，我总觉得心中有愧。能不能让他们所捧持的书本变得更轻便一点儿？

——正是这个想法，形成了这个"青少版"。

这个版本为年轻读者进入中国文化，划分出了三个方面的课题，标题很轻松：

一、了解这些难题；

二、记住这些名字；

三、熟读这些作品。

这三个方面的划分，等于在一个学术迷宫中为年轻人开出了三扇方便之门，指引了三条简捷之路。其中的划分逻辑，也适合青少年的心理节奏，相信他们更乐于接受。

相比之下，第一方面的课程要艰深一点儿，其中包含着不少连文化长辈都不敢触碰的难题。我把这些难题放在最前面，不是吓唬你们，而是要用一种特殊的方式吸引你们。我相信，年轻人头脑单纯、干净，反而会使这些难题走向清晰。第二、第三方面的课题，是介绍中国文化的一些伟大创造者和他们的创造成果。我希望年轻读者对这些名字和这些作品从一开始就产生亲切感。你们在以后一定会了解更多的相关内容，但是唯有早年的亲切感，会滋润终生。

　　三个方面的课题分成三册出版，年轻读者可以选一册或两册来读，也可以把三册一一读完。在这之后再去啃我那部厚厚的《中国文化课》原本，就会方便得多。当然，也可以不再去啃。

　　我前面说了，不管是啃还是读，这门课程将来都会被你们改写。

　　最后，我还要感谢雕塑家吴为山先生。正是我在整理《中国文化课》的时候，应邀参观了他在国家博物馆举行的作品展，我看到其中有很多中国古代文化名人的塑像，就想作为插图收入书中。他一口答应，并立即请他夫人送来了塑像的照片。这次编青少年版，

仍然采用了其中一部分。这也就可以让青少年读者看
到，在文化上，古代和当代有可能产生如何美好的形
象沟通。

余秋雨

于 2020 年 1 月

# 目 录

# 第一节

## 老子：第一代表

现在，我们要开始介绍中国历史上一些重要的文化创造者了。

我多次论述，文化的最终沉淀，是集体人格。也就是说，文化以人为本，以人为归。任何重大文化的基础，是密密层层的人。那么，应该由谁来代表和引领这密密层层的人呢？表面上一看，是王公、贵胄、豪强、财阀，但无数事实证明，是真正的文化创造者。我在《中国文化课》的第一讲，就借欧洲塞万提斯和莎士比亚的例子说明了这个问题，大家不妨找来一读。

数千年来，真正代表和引领中国人的，也是那些重要的文化创造者。

这些文化创造者，在世时常常无权无势，孤苦伶仃，甚至没有留下太多生平资料，但是漫长的时间和辽阔的空间，让他们的分量越来越重。

例如，我们现在要放在第一位讲的老子，就没有留下太

上善若水 ——老子（吴为山雕塑作品）

多事迹。留下的，只是他的思想，而且留在每一个中国人身上。

老子，是让中国文化获得世界身份的第一代表。

据联合国教科文组织统计，世界上几千年来被翻译成外文而广泛传播的著作，第一是《圣经》，第二是《老子》。《纽约时报》公布，人类古往今来最有影响力的十大作者，老子排名第一。

就凭这些统计，说老子是中国文化的第一代表，一点儿也不过分吧？但是过分的是，这位最高代表，这位世界顶级的哲学家，全部著作只有五千字，而他的生平又扑朔迷离，连司马迁都说不清楚。

我们只知道老子很有学问，熟悉周礼，管理过周王朝的国家图书馆或档案馆。史书上记载他的身份是"周守藏室之史"。这里所说的"史"，也就是"吏"。

老子不认为自己有伟大的学说，甚至不赞成世间有伟大的学说。

他觉得最伟大的学说就是自然。自然是什么？说清楚了又不自然了。所以他说"道可道，非常道；名可名，非常名"。

本来，他连这几个字也不愿意写下来。因为一写"道"，就必须规范"道"、限定"道"，而"道"是不可被规范和限定的；一写"名"，又必须为了某种"名"而进入归类，不归类就不成其为"名"，但一归类就不再是它独立的本身。那么，如果完全不碰"道"、不碰"名"，你还能写什么呢？

那就把笔丢弃吧。把种种言辞和概念，都驱逐吧。

年岁已经不小，他觉得，盼望已久的日子已经到来了。

他活到今天，没有给世间留下一篇短文、一句教诲。现在，可以到关外的大漠荒烟中，去隐居终老了。

他觉得这是生命的自然状态，无悲可言，也无喜可言。归于自然之道，才是最好的终结，又终结得像没有终结一样。

在他看来，人就像水，柔柔地、悄悄地向卑下之处流淌，也许滋润了什么、灌溉了什么，却无迹可寻。终于渗漏了、蒸发了、汽化了，变成了云阴，或者连云阴也没有，这便是自然之道。人也该这样，把生命渗漏于沙漠、蒸发于旷野，那就谁也无法侵凌了，"以其终不自为大，故能成其大"。

现在他要出发了，骑着青牛，向函谷关出发。

洛阳到函谷关也不近，再往西就要到潼关了。老子骑在青牛背上，慢慢地走着。要走多久？不知道。好在，他什么也不急。

到了函谷关，接下来的事情大家都听说过了。守关的官吏关尹喜是个文化爱好者，看到这位年老的"守藏室之史"，便提出一个要求：能否留下一篇著作，作为批准出关的条件？

这个要求，对老子来说有些过分。好在老子遇事不争，写就写吧，居然一口气写下了五千字。那就是我们现在看到的《道德经》，也就是《老子》。

写完，他就出关了。司马迁说："莫知其所终。"

这个结局最像他。

鲁迅《出关》中的这一段是根据想象写出来的，说关尹喜收下了那五千字的文章之后，还送给老子一笔稿费——十五个饽饽，装在一个白布口袋里。于是：

老子再三称谢，收了口袋，和大家走下城楼，到得关口，还要牵着青牛走路；关尹喜竭力劝他上牛，逊让一番后，终于也骑上去了。作过别，拨转牛头，便向峻坂的大路上慢慢地走去。

不多久，牛就放开了脚步。大家在关口目送着，去了两三丈远，还辨得出白发、黄袍、青牛、白口袋，接着就尘头逐步而起，罩着人和牛，一律变成灰色，再一会，已只有黄尘滚滚，什么也看不见了。

　　这个图景的色彩组合很有意思。不管怎么说，老子这篇五千字著作的诞生过程实在绝无仅有。初一看是那么偶然、那么匆忙、那么尘土飞扬，但是往深里一想，人们一定能感受到其间无比苍茫的哲学内涵和美学内涵。

　　老子消失了，但他留给大地的，是一个能够深思熟虑、看透万象的民族。

　　老子写的那五千字，滋润了中华民族两千多年，却又由于时间阻隔，读起来颇为艰深。我经过长期研究，把它翻译成了清晰易懂的当代散文。我希望年轻的读者能够读一读，因此在本书第三册《熟读这些作品》中选了部分篇章。全部译文收在《中国文化课》的原本中。你们读的时候，最好能对照原文，并把自己有感应的那几段原文背诵下来。因为，这是这片土地上最早凝结的哲学成果。

## 第二节
# 孔子：长长的脚印

在老子之后，孔子站出来代表了中国文化的世界身份。

老子在路上，孔子也在路上。

直到二十世纪，西方现代派文学提出一个"在路上"的概念，曾经让青年一代激动。因为在路上，一个人摆脱了固定的环境，陷入了广阔无比的陌生和未知，但生命的缰绳却仍然掌握在自己手上。由此，你会比以往任何时候都更感到生命的脆弱和强大，一种高阶的诗情也由此产生。

早在两千五百年前，中国的顶级思想家，已经在路上，先是老子，再是孔子。

孔子第一次隆重地"在路上"，恰恰是去拜访老子。路程不近，从今天的山东曲阜，到今天的河南洛阳。

老子比孔子大了一辈，孔子是以学生的身份去问道的。

孔子与老子见面后，出现了什么情景？他们之间，产生了什么样的对话？

这就有很多说法了。其实，由于他们两人谁也没有透露

孔子（吴为山雕塑作品）

出来，因此各种说法都只是后人的猜测。

我觉得有两种说法比较有意思。

一种说法是，老子看了一眼远道而来、满脸笑容、意气风发的孔子，又看了一眼窗外与孔子一起来的朋友和学生，以及他们身边的马车，就说："年轻人，要深藏不露，避免骄傲和贪欲。"

这话当然是对的，却也包含着对孔子的误会。老年人看到意气风发的年轻人，常常会有这种误会。孔子当时的意气风发，是因为赶了长路终于到了目的地，见到了早就要来拜访的老子。这种高兴劲头，让老子产生了某种不太正面的联想。

另一种说法是，孔子刚坐定就问老子"周礼"，也就是周朝的礼仪。老子说，天下的一切都在变，不应该再固守周礼了。这正是老子的基本思想，即使孔子不问，他也会说。他把天地人间的哲学，以一个"变"字来概括，非常了不起。反过来，孔子所提的问题，也反映了孔子的基本思想。他一心想恢复周礼，看上去是倒退，其实是希望给这么纷乱的土地一种秩序，而这种秩序就是礼仪。显然，他们的思想方式虽然不同，但都没有错，产生了一种互补性的平衡。

　　这是两位伟大圣哲的见面，两千五百多年前这一天的洛阳，应有凤鸾长鸣。不管那天是晴是阴，是风是雨，都贵不可言。

　　他们长揖作别。

　　稀世天才是很难遇到另一位稀世天才的，他们平日遇到的总是追随者、崇拜者、嫉妒者、诽谤者。这些人不管多么热烈或歹毒，都无法左右天才自己的思想。只有真正遇到同样品级的对话者，最好是对手，才会产生着了魔一般的精神淬砺。淬砺的结果，很可能改变自己，但更有可能是强化自己。这不是固执，而是因为获得了最高层次的反证而达到新的自觉。这就像长天和秋水蓦然相映，长天更明白了自己是长天，秋水也更明白了自己是秋水。

　　今天在这里，老子更明白自己是老子，孔子也更明白自己是孔子了。他们会更明确地走一条相反的路。什么都不一样，只有两点相同：一、他们都是百代君子；二、他们都会长途跋涉。他们都要把自己伟大的学说变成长长的脚印。

　　孔子在拜别老子的二十年后，开始了更为惊人的长途跋涉。他在外面行走了整整十四年，而且年纪已经不轻，从五十五岁，走到六十八岁。

这十四年的行走，有一些学生陪着，他沿路讲的话，被学生们记下了。他很想让当时各个诸侯邦国的统治者听这些话，但他们不听，却被此后两千多年的中国人听到了，也被世界上很多人听到了。古往今来，世界各地很多人，都从孔子的那些话，来认识中国文化。

孔子原先一心想着在鲁国做一个施行仁政的实验，自己也掌握过一部分权力，但实在冲破不了顽固的政治架构，最后被鲁国的贵族抛弃了。

他以前也对邻近的齐国抱有希望，但齐国另有一番浩大开阔的政治理念，那个小个子宰相晏婴就不太能接受孔子的那一套。于是，孔子就去了卫国。

卫国的君主卫灵公很快接见了他，问他在鲁国拿多少俸禄。孔子回答后，卫灵公立即说，按同样的数字给予。这听起来很爽快，但孔子走那么多路，难道是来拿俸禄的吗？孔子在卫国，主要住在蘧伯玉家里。蘧伯玉比孔子年长，对孔子建立君子之道有不少帮助。孔子一直等待着卫灵公来问政，但这样的机会始终没有出现，反倒是一个突发的政治案件牵涉到孔子认识的一个人，孔子面临危险，只能仓皇离开。

后来，孔子在别的邦国遇到的问题，大体都是这样。一开始都表示欢迎他，也提供一些生活物资，却谁也不听他的政治主张。因此，孔子一次次抱着希望而去，又一次次颓然失望而走。

有一次从陈国到蔡国，半道上不小心陷入了战场，孔子和学生已经七天没有吃饭了。孔子看了大家一眼，问："我们不是犀牛，也不是老虎，为什么总是徘徊在旷野？"

这个问题有一种悲凉的诗意。

学生子路回答老师的问题，说："也许我们的仁德和智慧不够，别人不信任我们。"孔子说："不，古代那些仁德和智慧很高的人，也不被信任。"

学生子贡回答老师的问题，说："也许我们的理想太高了，老师，能不能降低一点儿？"孔子说："不能为了别人的接受而降低自己的志向。"

学生颜回回答老师的问题，说："如果我们的学说不好，别人不接受，这是我们的耻辱；如果我们的学说很好，别人还不接受，那是别人的耻辱。"

孔子同意颜回的说法。但他心里一直盘旋着一个矛盾：真正的君子应该被世人充分接受吗？他一会儿认为，真正的君子就应该被世人充分接受；过一会儿又认为，真正的君子不可能被世人充分接受。对于这个矛盾，后人总是从两个相反的方向进行各种各样的评述和批判。

后人批评孔子保守、倒退都是多余的，这就像批评泰山，为什么南坡承受了那么多阳光，还要让北坡去承受那么多风雪。可期待的回答只有一个："因为我是泰山。"伟大的孔子自知伟大，因此从来没有对南坡的阳光感到得意，也没有对北坡的风雪感到耻辱。

孔子对我们最大的吸引力，是一种迷人的"生命情调"——至善、宽厚、优雅、快乐，而且健康。他以自己的苦旅，让君子充满魅力。

孔子行走了十四年，回到故乡时已经六十八岁。妻子已经在一年前去世。过了一年，独生子孔鲤又去世了。再过两年，他最喜爱的学生颜回去世了。接着，他最忠心的学生子路也去世了。

面对接连不断的死讯，年逾古稀的思想家一次次仰天呼喊："老天要我的命啊！老天要我的命啊！"但是，就在这悲惨的晚年，他还在大规模地整理"六经"，尤其注力于《春秋》，把他的"大一统"、"正名分"、"天命论"、"尊王攘夷"

等一系列观念，郑重地交付给中国历史。

一天，孔子正在编《春秋》，听说有人在西边猎到了仁兽麒麟，他立刻怦然心动，觉得似乎包含着一种"天命"的信息，叹道："吾道穷矣！"随即在《春秋》中记下"西狩获麟"四字，罢笔，不再修《春秋》。渐渐地，高高的躯体一天比一天疲软，疾病接踵而来，他知道大限已近。

那天他想唱几句，开口一试，声音有点儿颤抖，但仍然浑厚。

他拖着长长的尾音唱出三句：*泰山其颓乎！梁木其坏乎！哲人其萎乎！*

唱过之后七天，这座泰山真的倒了。连同南坡的阳光、北坡的风雪，一起倒了。千里古道，万丈西风，顷刻凝缩到了他卧榻前那双麻履之下。

这双鞋子走出的路，后来将成为很多很多人的路，成为全人类最大族群都认识的路。

## 第三节
## 墨子：兼爱非攻

大家已经明白，最早为中国文化进行精神奠基的老子和孔子，是两位走在路上的哲学家。今天，我要说说另一位同样走在路上，却比他们两位走得更急促、更英猛，也更帅气的中国哲学家。他，简直就是一位超级竞走运动员。

他走的路很长，从山东的泰山脚下出发，到今天的河南，穿越河南全境，经过安徽，到达湖北，再赶到荆州。他日夜不停地走，走了整整十天十夜。脚上磨出了水疱，又受了伤，他撕破衣服来包扎伤口，包好后立即又走。

相比之下，老子出走是骑着青牛的，孔子出走是坐着马车的，但他最平民化，没有坐骑，只靠自己的脚。

他为什么走得那么远，又那么急？因为要阻止一场战争，拯救一个小国家——宋国。他得到消息，楚国要攻打宋国，请了鲁班为他们制造攻城用的云梯。鲁班正是他的同乡，他有劝阻的责任和可能，但是要快，如果云梯造出来，攻城开始了，那就晚了。他知道鲁班的技术高超，因此更要紧急赶路。

这一切，都是为了他的思想理念，一是"兼爱"，二是"非攻"。"兼爱"就是人人都爱。"非攻"就是"不攻"，反对一切攻击。

这四个字连在一起，意思很痛快，就是：爱一切人，否定一切战争。

我为中国古代产生过这么短促又这么伟大的思想，深感自豪。请大家记住这四个字：兼爱、非攻。正是为了这四个字，这个人越走越快。

走在路上的这位哲学家还有一个醒目的特点，那就是黑。他的衣服是黑色的，鞋袜是黑色的，连皮肤也是黝黑的。他在黑夜赶路，伸出黝黑的手，在黑色的衣衫上撕下一缕黑色的布条，去包裹受伤了的黑色的脚……而且，连他的名字也是黑色的——墨子。

浑身黑色的墨子连续走了十天十夜终于到了目的地，发现战争还没有发生。他松了口气，立即去找鲁班。鲁班问他："走这么远的路过来，到底有什么急事？"墨子说："有人侮辱我，你能不能去杀了他？我给你黄金。"

鲁班一听就不高兴了，说："我讲仁义，绝不杀人。"

墨子（吴为山雕塑作品）

墨子一听，立即站起身来，深深作揖，说："楚国打宋国，仁义吗？你说你绝不杀人，但你帮助打仗明明要杀很多人！"

鲁班说："我已经答应了楚王，怎么办？"

墨子说："你带我去见他。"

一见楚王，墨子说："有人明明有好车，却去偷别人的破车；明明有锦衣，却去偷别人的破衣；明明有美食，却去偷别人的糟糠，这是什么人？"

楚王说："这人一定有病。"

墨子说："楚国又大又富，宋国又小又穷，你去打宋，也有病。我这么说，你可以把我除掉，但我已经派了三百个学生守候在宋国城头。"楚王一听，就下令不再攻打宋国。这就是墨子对于"非攻"理念的成功实践。做完这件大事，还有一个幽默的结尾。

为宋国立下了大功的墨子，十分疲惫地踏上了归途，仍然是步行。到了宋国，下起了大雨，他就到一个门檐下躲雨，但是，看门的人连门檐底下也不让他站。这就是他刚刚救下的宋国给他的回报。想想看，如果不是这个淋在大雨中的黑衣男子，这儿已经是遍地战火。

墨子笑了一下，想："救苦救难的人，谁也不认；喜欢显摆的人，天下皆知。"于是，他又成了一个孤独的黑衣步行者，只不过，这次是走在大雨之中。

墨子以这种孤胆英雄的侠义精神，带出了一批学生，被称为"墨家弟子"。他们都是赴汤蹈火的道义之士，留下了一些惊人的事迹。有一次，一百多名墨家弟子受某君委托守城，但后来此君不见了，守城之托又很难坚持，这一百多个墨家弟子便全部自杀了。

司马迁所说的那种"任侠"精神，也就是"其言必信，其行必果，已诺必诚，不爱其躯"的品德，在墨家弟子身上体现得最鲜明。这种品德，在后来两千年间，也成了中国文化的一个重要组成部分。

当然，我最看重的，还是这种品德的原点，就是那四个字：兼爱、非攻。这种品德，也是全人类的精神制高点。

需要补充说明的是，墨子所说的"兼爱"，范围比孔子所说的"仁爱"更加广阔。因为孔子讲究礼数等级，所以对爱也有等级区分。墨子的"兼爱"没有等级，这当然很难被历代统治者接受，缺少普遍实施的条件。

但是，即使这样，我还是把"兼爱"、"非攻"当作一种崇高理想供奉在心底。其实，这也是全人类最珍贵的精神目标。

那么，就让我们永远记住这个黑衣男人。

# 第四节
## 庄子：奇怪的年轻人

这是一个高雅的会场，台上坐着一排德高望重的学者，一个个都在讲授着自己的学说。他们讲得很自信、很完整、很权威，有时候语气庄严，有时候循循善诱。台下的听众，都在恭敬聆听，时不时还在低头记录。

学者们辩论起来了。开始时还只是温文尔雅地互相表达一些不同意见，很快就针锋相对了，越辩越激烈。都是聪明人，彼此总能在第一时间觉察对方的逻辑漏洞，随之做出快速反驳。反驳的层次，越来越细；反驳的时间，越来越长。

辩论刚起时，听众们精神陡增。但是，越费脑筋的事情越容易让人疲倦，大家渐渐失去了耐心。只是出于礼貌，出于对辩论者年龄的尊重，还坐着听。

终于，听众中有人起身，弯着腰离开会场。这很容易传染，不久，会场里的听众只剩下了一小半。

会场外面，是一个门厅。那里有一个角落，聚集着刚刚从会场出来的听众。原来，他们围住了一个奇怪的年轻人。

这个年轻人在自言自语，有时，又对着靠近他的几个人发问。问了又不等待回答，随即又出现了新的问题。

他在问——

"这么多学者坐在台上，这是确实的吗？他们是怎么过来的？是谁让他们坐到了一起？"

"他们每个人都讲了那么多话，自己相信吗？他们每个人都讲得很精彩，但天下需要那么多精彩吗？"

"按照年龄，他们都早已萎谢，那么，这究竟是他们在梦游，还是我们在做梦？"

"生死一定是真的吗？做梦一定是假的吗？如果这是一个梦中的会场，那究竟是在天上，还是在人间？"

"如果大家一起都在做梦，什么时候才能醒来？醒来，是不是另一个梦？"

……

听了这些问题，有人觉得这个年轻人不太正常，就回家了，但很多人却像被什么粘住了，全神贯注。过了一会儿，会场里出来的听众越来越多，都挤到了这个年轻人身边。里面的演讲和辩论，已经无法继续。

这样的情景，历史上频频发生。发生得最有气魄的，是在中国的诸子百家时代。

在诸子百家这个庞大的"会场"外，也坐着一个年轻人。他同样在门厅的一角自言自语，不断提问。

他，就是庄子。

他确实"年轻"，比孔子小一百八十多岁，比墨子小一百岁，比孟子还小了三岁。

对于老人家们的学说，他都知道。但是，他不喜欢他们滔滔不绝地教诲世人的劲头。

他们好像把天下的什么道理都弄明白了，因此不断为不同的学问宣布一个个结论。众多的弟子和民众把他们当作无限的真理矿藏、永恒的百科全书。他们也觉得自己有责任来承担这样的功能，因此有问必答，有答必录，而成一家之言、一派之学。他们很早就构建了这种学术身份，随着年岁和名声的增长，都已巍然而立，定于一尊。

他们私底下是不是也有犹疑、模糊、困惑、两难的空间，但在明面上并没有暴露出来？

庄子与他们完全不一样。

他躲避官场，也躲避学界。

因为，他觉得自己不是解答疑问的人，而是扛着一大堆疑问。他是疑问的化身。

他也不相信老人家们能解答自己的疑问。因为自己的疑问太大，大到连老人家们的立足根基，都在疑问的范围之内。

因此，他只能不断地问天、问地、问自己。更多的是，当问题提出，他就在世间万物中寻找可以比拟的对象，那就成了一个个寓言。寓言不是答案，却把问题引向了更宏大、更缥缈的结构，用我们现在的话来说，引向了哲学和美学。但是这种哲学和美学，连小孩和老者都乐于接受。

这一来，怪事发生了。

大家渐渐发现，这个不断提问的人，在很多方面可能比那些不断宣讲的人还重要。因为他的问题一旦问出，就牵动了宇宙世界和人类的秘密，即使没有答案也深契内心。

大家还发现，正是这个人，让人们渐渐习惯了那些找不到答案的问题。而且让人们懂得，一切真正的大问题都没有答案。有答案的问题，再大也大不到哪里去，那就交给那些老人家去讲解吧。

他的问题，触及了天地的源头，大小的相对，万物的条件，自由的依凭，生死的界限，真假的互视，至人的目标，逍遥的可能……

这些问题，会让那些老人家全都瞠目结舌。

事实上，直到今天，全人类思考等级最高的智者，也还纠缠在这些问题上。

居然有人那么早就发现了这些问题！于是更多的人明白了：提问者，就是"开天辟地"者。至于解答，千百年来有多少人在做，那只是在擦拭"开天辟地"时撞裂开来的玉石碎块，不值得太多关注。

我在《中国文脉》中把庄子评为先秦诸子中文学品质最高的第一人，又在《修行三阶》中把他的哲学思想与老子并列为道家至尊。

庄子取得了如此崇高的精神地位，但请不要忘了，他提问的神态，仍然像个孩子；他讲述寓言的口气，仍然像个孩子。只有孩子，才问得出这么大的问题，讲得出这么美的故事。

由此可见，他是大师气象和孩童气息的最佳结合体。他证明了一个怪异的道理：大师气象来自于孩童气息。

# 第五节
# 屈原：第一诗人

在中国文化的大版图中，黄河流域一直显得特别热闹，也特别重要。且不说传说时代了，只看在跨入成熟文明门槛之后，从《诗经》到诸子，都集中产生在那一带。表面上，长江流域还没有在文化史上闹出太大的动静。但是，长江将在自己最险要的部位三峡，推出一个代表者，那就是屈原。

屈原，是中国的第一个大诗人。他以《离骚》和其他作品，为中国文脉输入了强健的诗魂。

中国文化因为有过《诗经》，对诗已不陌生。然而，对诗人还深感陌生。因为《诗经》是各方"乐歌"的采集，大体属于集体创作，即使有少数署名，也未必是真正的创作者。这事到屈原，就发生了根本的变化。如果说，《诗经》首次告诉我们，什么叫诗，那么，屈原则首次告诉我们，什么叫诗人。如果说《诗经》是"平原小合唱"，那么《离骚》就是"悬崖独吟曲"。

这个悬崖独吟者，出身贵族，但在文化姿态上，比庄子

屈原（傅抱石画作）

还要"傻"。诸子各家都在大声地宣讲各种问题,连庄子也在用寓言启迪世人,屈原却不。他不回答,不宣讲,也不启迪他人,只是提问,在提问中抒发自己的眷恋和郁闷。

从解答到提问,从宣讲到抒情,这就是诸子与屈原的区别。说大了,也是学者和诗人的区别、教师和诗人的区别、谋士与诗人的区别。划出了这么多区别,也就有了诗人。

他的死,距今已有近两千三百年,在这么漫长的时间里,却被那么多中国人年年祭祀,这在世界历史上找不到第二个例子。而且,这个被祭祀的人不是皇帝,不是将军,也不是一个哲学家,而是一个诗人,这更让人惊奇万分。相比之下,对孔子的祭祀,主要集中在曲阜和各地的一些文庙里,而对屈原的祭祀却遍布全国任何角落。只要有江河、有村落,到了端午节,包粽子、赛龙舟,到处都在祭祀。这应该说是世间奇迹了吧,但更令人惊异的是,虽然有那么多人在祭祀他,但是能够读懂他作品的人却少之又少,大家其实是在祭祀一个自己并不了解的人。

两千多年间不间断的全民性祭祀,这件事情的规模意义已经远远大于祭祀对象本人,而是反映了一种民众的精神需求。我们平常研究文化,大多只是针对一个个作者和一部部作品，忘却了一个庞大人群不约而同的集体行为。

我们直到今天还无法读解这个集体行为的真正成因，却必须承认，屈原的历史价值，早已远远超出了文学史的研究范围。年轻的读者朋友们可以花一些精力读懂屈原的作品，却仍然难以解释在中国发生的"屈原现象"。今后，你们一年年都可以在划龙舟、包粽子的祭祀典仪中细细品味，但是我相信直到你们年老，还未能品味穷尽。

好，现在还是让我们返回古代，来说说屈原本人。

屈原活了六十二岁，这个时间不算太长，也不算太短。我们可以把他的一生做一个简单的划分。

第一阶段，年少得志，二十二岁就做到了楚国的高官；

第二阶段，受到小人的挑拨，失去君主的信任，离开统治核心，郁郁寡欢；

第三阶段，楚国遇到外交灾难，由于耿直地谏言，第一次被流放；

第四阶段，第二次被流放，长达二十年，直到自沉汨罗江。

屈原出身的王族世家已经有点儿败落，所以贵族的

"贵"，是贵在他所受的教育上。司马迁说他"博闻强识"，说明他接受教育的效果很好。估计他的形象也很不错，否则《离骚》里不会有那么一些句子，描述自己喜欢在服装上下功夫。

根据自己家庭的历史以及自己出生的时间，他觉得自己担负着某种"天命"。《离骚》也就由此开篇。血统的高贵、地位的高贵、知识的高贵、形体的高贵、姿态的高贵，成了他文学陈述的进入方式。其实，也是他政治生涯的进入方式。

不过这也带来一个麻烦：他很容易进入政坛，却不懂得政治生态。理想化的洁癖使他在心态上缺少弹性。因此，当我们看到屈原在作品中不断强调自己的高贵、洁净时，我们就知道，等待这位男子的一定是悲剧。

屈原的第一次被流放是在三十五岁左右，时间是四年，流放地是现在湖北省的北面，大致在现在襄阳的西北；第二次被流放是四十三岁左右，一直到他六十二岁时投江，流放地是湖南的湘水、沅水一带。这两次流放，从某种意义上说使屈原远离了首都的各种政治纷争，不再日日夜夜有那么多切肤之痛了。痛苦当然还存在，但有了层层叠叠的阻隔，升华为一种整体忧伤，并把自己与山水相融，使政治郁闷蒸腾为文化诗情。

屈原投江是一个悲剧，但是我不赞成将这件事与寻常理解的自杀相提并论。

这里有一个前提：屈原生活在一个巫风很盛的地区。人们经常举行对各种神灵的祭祀仪式。龙舟和粽子，都是这个仪式的一部分。屈原的投江，是自古以来"由人入神"的巫傩仪式的延续，也开启了一个新的祭祀命题。

屈原在流放期间，非常充分地了解了当地的原生风习、民间崇拜。这一切对于一个顶级诗人的吸引力，实在太大了。他的生命，融入了神话和大地之间，已经成为山水精灵、天地诗魂，不再仅仅是一个失意谪官。在这个意义上来理解他的投水，以及民众的千里祭仪，就是另一番境界了。

直到今天，很多文学史论著作还喜欢把屈原说成是"爱国诗人"。这也就是把一个政治概念放到了文学定位前面。屈原站在当时楚国的立场上反对秦国，当然合情合理，但是这里所谓的"国"并不是一般意义上的"国家"。在后世看来，当时真正与"国家"贴得比较近的，反倒是秦国，因为正是它将统一中国，产生严格意义上的国家观念。我们怎么可以把中国在统一过程中遇到的对峙性诉求，反而说成是

"爱国"呢？有人也许会辩解，这只是反映了楚国当时当地的观念。但是，把屈原说成是"爱国"的是现代人。现代人怎么可以不知道，作为诗人的屈原早已不是当时当地的了。把速朽性因素和永恒性因素搓捏成一团，把局部性因素和普遍性因素硬扯在一起，而且总是把速朽性、局部性的因素抬得更高，这是很多文化研究者的误区。

寻常老百姓比他们好得多，每年端午节为了纪念屈原包粽子、划龙舟的时候，完全不分地域。不管是当时被楚国侵略过的地方，还是把楚国灭亡的地方，都在纪念。当年的"国界"，早就被诗句打通，根本不存在政治爱恨了。那粽子，那龙舟，是献给诗人的。老百姓比文化人更懂得：文化无界，文化无价。

诗人就是诗人，不要给他们戴各种帽子。屈原在楚国有过政治身份，但是他的"第一身份"确证无疑，是诗人。他的思绪，与百花莺鸟相伴，在云霓山川之间。他的情感，与天地宇宙相齐，在神话传说之间。一切牵强附会的评述，实在是把他贬小了、贬低了、贬俗了。

年轻的读者在接触文学史、艺术史的时候要警惕，以前有很多著作都习惯于把朝廷身份、仕途处境、政治归属作为评析文学艺术的最高标准，这其实贬低了文学艺术的千年高度。

要了解屈原，首先要读他最有代表意义的作品《离骚》。由于年代久远，里面的词句不容易被现代读者理解。历来有学者加了大量注释，但这样的注释本读起来又磕磕绊绊失去了浩荡诗意。为此，我下决心把《离骚》翻译成了当代的诗化散文。听说每年端午节纪念屈原的时候，很多青少年读者喜欢先朗诵我的译本，再走向原文，这让我很高兴。我把这份译文放在本书第三册《熟读这些作品》当中，你们可以找来一读。

# 第六节
## 司马迁：建立历史母本

我在好几部著作中，都对汉代的历史学家司马迁做出了极高的评价，认为他让大多数中国人都具有基本的历史判断，使大家都拥有了一个共同的精神家谱。为什么这么说呢？

理由是，他写的巨著《史记》，从目光到体制，都是其后两千多年全部"二十四史"的"母本"。因此，他也就成了几乎全部中国主流历史正本的"总策划"。他的"以人为本"的历史观念，他的取舍鲜明的历史激情，都融入了中华民族的文化基因，成为集体人格的重要组成部分。同时，他又让史学和文学相得益彰，让一部伟大的历史著作成为一部杰出的文学作品。

人类很多悠久的文明只有遗迹，没有脚印。中国文化由司马迁引领，改变了这种状态，使每一个重大脚印都有了明确的文字佐证。这样的脚印当然很难湮灭，自然会继续前行。因此可以毫不夸张地说，司马迁是中国历史和中国文化的守护神。

司马迁（出自《历代君臣图鉴》清代拓本）

我们不知道该用多么隆重的礼仪来感激这位两千多年前的文化巨匠，但是当我们远远看去，每一次都会内心一抖，因为那里站着的，是一个脸色苍白、身体衰弱、满眼凄苦的男人。

他以自己破残的生命，换来了一个民族完整的历史；他以自己难言的委屈，换来了千万民众宏伟的记忆；他以自己莫名的耻辱，换来了中国文化无比的尊严。

司马迁在蒙受奇耻大辱之前，是一个风尘万里的旅行家。

博学、健康、好奇、善学，利用各种机会考察天下，他肯定是那个时代走得最远的青年学者。他用自己的脚步和眼睛，使以前读过的典籍活了起来。因此，要读他笔下的《史记》，首先要读他脚下的路程。

司马迁是二十岁开始漫游的，那一年应该是公元前一一五年。他从西安出发，经陕西丹凤、河南南阳、湖北江陵，到湖南长沙，再北行访屈原自沉的汨罗江。然后，沿湘江南下，到湖南宁远访九嶷山。再经沅江，至长江向东，到江西九江，登庐山。再顺长江东行，到浙江绍兴，探禹穴。由浙江到江苏苏州，看五湖，再渡江到江苏淮阴，访韩信故地。然后北赴山东，到曲阜，恭敬参观孔子遗迹。又到临淄访齐国都城，到邹城访邹峄山，再南行到滕州参观孟尝君封地。继续南行，到江苏徐州、沛县、丰县，以及安徽宿州，拜访陈胜、吴广起义以及楚汉相争的诸多故地。他在这些地方收获最大、感受最深，却因为处处贫困，路途不靖，时时受阻，步履维艰。摆脱困境后，行至河南淮阳，访春申君故地。再到河南开封，访战国时期魏国首都，然后返回长安。

这次漫游，大约花费了两年的时间。我们可以想象那个意气风发的青年男子疾步行走在历史遗迹间的神情。他用青春的体力追赶着祖先的脚步，根本不把任何艰苦放在眼里。从后来他的全部著作中可以发现，他在广袤的大地上汲取的是万丈豪气、千里雄风。这与他处在汉武帝时代有关，剽悍强壮是整个民族的时尚。

这次漫游之后，他得到了一个很低的官职——郎中，需要侍从汉武帝出巡了。虽然有时只不过为皇帝做做守卫、侍候车驾，但毕竟也算靠近皇帝了，在别人看起来相当光彩。司马迁高兴的，是可以借着侍从的名义继续出行。二十三岁至二十四岁，他侍从汉武帝出巡，到了陕西凤翔，山西夏县、万荣，河南荥阳、洛阳，陕西陇县，甘肃清水，宁夏固原，回陕西淳化甘泉山。二十五岁，他出使四川、云南等西南少数民族地区。二十六岁，他刚刚出使西南回来，又侍从汉武帝出巡山东泰山、河北昌黎、河北卢龙、内蒙古五原。二十七岁，又到了山东莱州、河南濮阳。二十八岁，他升任太史令，侍从汉武帝到陕西凤翔、宁夏固原、河北涿州、河北蔚县、湖南宁远、安徽潜山、湖北黄梅、安徽枞阳、山东胶南，又到泰山。

他几乎走遍了当时能够抵达的一切地方。那个时期，由于汉武帝的雄才大略、励精图治，各地的经济状况和社会面貌都有很大改善，司马迁的一路观感大致不错；当然，也看到了大量他后来在《史记》里严厉批评的各种问题。

这时的司马迁已经开始著述，同时他还忙着掌管和革新天文历法。汉武帝则忙着开拓西北疆土，并不断征战匈奴，整个朝廷都被山呼海啸般的马蹄声所席卷。

就在这样的气氛中，司马迁跨进了他那极不吉利的三十七岁，也就是天汉二年，公元前九九年。

终于要说说那个很不想说的事件了。这是一个在英雄的年代发生的悲惨故事。

匈奴无疑是汉朝最大的威胁，彼此战战和和，难有信任。英气勃勃的汉武帝当政后，对过去一次次让汉家女儿外嫁匈奴来乞和的政策深感屈辱，接连向匈奴出兵而频频获胜，并在战争中让大家看到了杰出的将军卫青和霍去病。匈奴表面上变得驯顺，却又不断制造麻烦。汉武帝便派将军李广利带领大队骑兵征讨。这时又站出来一位叫李陵的将军——历史名将李广的孙子，他声言只需五千步兵就能战胜匈奴，获得了汉武帝的准许。李陵出战后一次次以少胜多，战果累累，但最后遇到包围，寡不敌众，无奈投降。

汉武帝召集官员讨论此事，大家都落井下石，斥责李陵。但是司马迁认为，李陵的战功已经远超自己兵力所能，他一次次击败了敌人，眼下只是身陷绝境才做出此番选择。凭着李陵历来的人品操守，相信很快就会回来报效汉廷。汉武帝一听就愤怒，认为司马迁不仅为叛将辩护，而且影射了李广利的主力部队不得力，因此下令处死司马迁。

说是处死，但没有立即执行。当时的法律有规定，死刑也还有救，第一种办法是以五十万钱赎身，第二种办法是以腐刑代替死刑。司马迁家境贫困，根本拿不出那么多钱来。他官职太低，又得不到权势人物的疏通。以前的朋友们，到这时都躲得远远的，生怕自己惹着了什么。连亲戚们也都装得好像根本没有发生过这回事一样，谁也不愿意凑钱来救他的命。这时候，司马迁只好"独与法吏为伍，深幽囹圄之中"。

司马迁很明白地知道，自己的选择只有两项了：死，或者接受腐刑。腐刑，就是阉割男子的生殖系统，是世上最屈辱的刑罚。

死是最简单、最自然的。在那个弥漫着征战杀伐之气的时代，人们对死亡看得比较随便。司马迁过去侍从汉武帝出巡时，常常看到当时的大官由于没有做好迎驾的准备而自杀，就像懊丧地打了自己一耳光一样简单，周围的官员也不以为意。这次李陵投降的消息传来，不久前报告李陵战功的官员也自杀了。因此，人们都预料司马迁必定会选择痛快一死，而没有想到他会选择腐刑，承受着奇耻大辱活下来。

出乎意料的选择，一定有出乎意料的理由。那就是他必须活下来完成《史记》的写作。这个选择的充分理由，需要千百年的时间来印证。

腐刑也没有很快执行，司马迁依然被关在监狱里。到了第二年，汉武帝心思有点儿活动，想把李陵从匈奴那边接回来。但从一个俘虏口中听说，李陵正在帮匈奴练兵呢。这下又一次把汉武帝惹火了，立即下令杀了李陵家人，并对司马迁实施腐刑。

刚刚血淋淋地把一切事情做完，又有消息传来，那个俘虏搞错了，帮匈奴练兵的不是李陵，而是另一个姓李的人。

司马迁在监狱里关了三年多，公元前九六年出狱。

那个时代真是有些奇怪，司马迁刚出狱又升官了，而且升成了官职不小的中书令。汉武帝好像不把受刑、监禁当一回事，他甚至也没有把罪人和官员分开来看，觉得两者是可以频繁轮班的。不少雄才大略的君主都喜欢做这种大贬大升的游戏，他们在这种游戏中感受着权力收纵的乐趣。

升了官就有了一些公务，但此时的司马迁，全部心思都在《史记》的著述上了。

据他在《报任安书》里的自述，那个时候的他，精神状态发生了极大的变化，过去的意气风发再也找不到了。

仆以口语遇遭此祸，重为乡党所笑，以污辱先人，亦何面目复上父母之丘墓乎？虽累百世，垢弥甚耳！是以肠一日而九回，居则忽忽若有所亡，出则不知其所往。每念斯耻，汗未尝不发背

*沾衣也！*

他常常处于神不守舍的状态之中，无法摆脱强烈的耻辱感。在一次次的精神挣扎中，最终战胜的，总是关于生命价值的思考。他知道，决然求死虽然容易，但对社会和历史而言却似九牛失其一毛，或似蝼蚁淹于滴水，实在不值一提。相比之下，只有做了一些有价值的事情之后再死，才大不一样。因此，他说了一句现在大家都知道了的话："人固有一死，或重于泰山，或轻于鸿毛，用之所趋异也。"

在他心中，真正重于泰山的便是《史记》。他为《史记》定下的目标是"究天人之际，通古今之变，成一家之言"。这个目标不仅达到了，而且"一家之言"成了千年共识。

人的低头有两种可能：一种是真正的屈服；一种是弯腰试图扛起千钧重量，但看起来也像是屈服。

司马迁大概是在四十六岁那年完成《史记》的。据王国维考证，最后一篇是《匈奴列传》，写于公元前九〇年。

我们记得，司马迁遭祸的原因之一，是为李陵辩护时有可能"影射"了汉武帝所呵护的将军李广利不得力。就在公元前九〇年，李广利自己也向匈奴投降了。司马迁把这件事平静地写进了《匈奴列传》，他觉得，一个与自己有关的悬念落地了，已经可以停笔。

这之后，再也没有他的任何消息。他到底活了多久，又是怎么逝世的，逝世在何处，都不清楚。

他，就这样无声无息、无影无踪地消失了。

他写了那么多历史人物的精彩故事，自己的故事却没有结尾。

也许，这才是真正的大结尾。他知道既然已经写成了《史记》，就不需要再为自己安排一个终结仪式。

# 第七节
## 曹操：执剑吟诗

汉王朝灭亡之后，出现了三国对峙的遍地战火。战火中，本应出现大批军事家和政治家，但是没想到，当时出现的军事家和政治家都不是一流的，却出现了一个一流的文学家——曹操。

曹操？一流的文学家？不仅你们没想到，连他自己也没想到。

这个丛林中的强人，一度几乎要统一天下秩序，重建山河规范。为此他不得不使尽心计、用尽手段，来争夺权势领地。他一次次失败，又一次次成功，终于战胜了所有对手，却没能够战胜自己的寿数和天命，在取得最后成功前离开了人世。

如果他亲自取得了最后成功，开创了又一个比较长久的盛世，那么，以前的一切心计和手段都会被染上金色。但是，他没有这般幸运，他的儿子又没有这般能耐，因此只能永久地把自己的政治业绩沉埋在非议的泥沙之下。

曹操（明代佚名绘）

人人都可以从不同的方面猜测他、议论他、丑化他。他的全部行为和成就都受到了质疑。无可争议的只有一项：他的诗。

说起他的诗，我产生了一种怪异的设想：如果三国对垒不是从军事上着眼，而是从文化上着眼，互相之间的高下应该如何评判？

首先出局的应该是东边的孙吴集团。骨干是一帮年轻军人，英姿勃勃。周瑜全面指挥赤壁之战击败曹军时，只有三十岁；陆逊全面指挥夷陵之战击败蜀军时，也只有三十岁。清代学者赵翼在《廿二史札记》中说，三国对垒，曹操张罗的是一种权术组合，刘备张罗的是一种性情组合，孙权张罗的是一种意气组合。沿用这种说法，当时孙权手下的年轻军人们确实是意气风发。这样的年轻军人，天天追求着火烟烈焰中的潇洒形象，完全不屑于吟诗作文。这种心态也左右着上层社会的整体气氛，因此，孙吴集团中没有出现过值得我们今天一谈的文化现象。

当时的东吴地区，农桑经济倒是不错，航海事业也比较发达。但是，经济与军事一样，都不能直接通达文化。

对于西边刘备领导的巴蜀集团，本来也不能在文化上抱太大的希望。 谁知，诸葛亮的两篇军事文件改变了这个局面。一篇是军事形势的宏观分析，叫《隆中对》；一篇是出征之前的政治嘱托，叫《出师表》。

《隆中对》的文学价值，在于对乱世的清晰梳理。 清晰未必有文学价值，但是，大混乱中的大清晰却会产生一种逻辑快感。 当这种逻辑快感转换成水银泻地般的气势和节奏，文学价值也就出现了。

相比之下，《出师表》的文学价值要高得多。 诸葛亮从二十六岁开始就全力辅佐刘备了，写《出师表》的时候是四十六岁，正好整整二十年。 这时刘备已死，留给诸葛亮的是一个难以收拾的残局和一个懦弱无能的儿子。 刘备在遗嘱中曾说，如果儿子实在不行，诸葛亮可以"自取"最高权位。 诸葛亮没有这么做，而是继续领军征伐。 这次出征前他觉得胜败未卜，因此要对刘备的儿子好好嘱咐一番。 为了表明自己的话语权，还要把自己和刘备的感情关系说一说，一说，眼泪就出来了。

这个情景，就是一篇好文章的由来。 文章开头，干脆利落地指出局势之危急——"先帝创业未半而中道崩殂，今天下三分，益州疲弊，此诚危急存亡之秋也"；文章中间，由军政大局转向个人感情——"臣本布衣，躬耕于南阳，苟全性命于乱世，不求闻达于诸侯"；文章结尾，更是万马阵前老臣泪，足以让所有人动容——"今当远离，临表涕零，不知所言。"这么一篇文章，美学效能强烈，当然留得下来。

我一直认为，除开《三国演义》中的小说形象，真实的诸葛亮之所以能够在中国历史上获得超常名声，多半是因为这篇《出师表》。历史上比他更具政治能量和军事成就的人物太多了，却都没有留下这样的文学印记，因此也都退出了人们的记忆。而一旦有了文学印记，那么，即便是一次失败的行动，也会使后代英雄们感同身受。杜甫诗中所写的"出师未捷身先死，长使英雄泪满襟"，就是这个意思。

说过了诸葛亮，我们就可以回到曹操身上了。

不管人们给《出师表》以多高的评价，不管人们因《出师表》而对诸葛亮产生多大的好感，我还是不能不说：在文学地位上，曹操不仅高于诸葛亮，而且高出太多太多。

同样是战阵中的作品，曹操的那几首诗，已经足可使他成为中国历史上第一流的文学家，但诸葛亮不是。任何一部中国文学史，遗漏了曹操是难以想象的，而加入了诸葛亮也是难以想象的。

　　那么，曹操在文学上高于诸葛亮的地方在哪里呢？在于生命格局。诸葛亮在文学上表达的是君臣之情，曹操在文学上表达的是天地生命。

　　我们在日常话语中，也一直在沿用曹操所创造的语句。你知道曹操所创造的文学语句有哪一些吗？"老骥伏枥，志在千里"；"烈士暮年，壮心不已"；"对酒当歌，人生几何"；"何以解忧，唯有杜康"；"月明星稀，乌鹊南飞"；"山不厌高，水不厌深"；"东临碣石，以观沧海"；"秋风萧瑟，洪波涌起"；"日月之行，若出其中。星汉灿烂，若出其里"……这些文学语句都是曹操创造的，而且在漫长的历史上被全国各地运用得非常广泛。光凭这一点，他也是汉语文化的主要原创者之一，更不必说他诗作的宏伟意境了。

　　我在抄写这些熟悉的诗句时，不能不再一次惊叹其间的从容大气。一个人可以掩饰和伪装自己的行为动机，却无法掩饰和伪装自己的生命格调。这些诗作，传达出一个身陷乱世权谋而心在浩阔时空的强大生命。

　　这些诗作还表明，曹操一心想做军事巨人和政治巨人而十分辛苦，却不太辛苦地成了文化巨人。但是，这也不是偶然所得。他与历来喜欢写诗的其他政治人物不同，没有附庸风雅的嫌疑，因为他没有必要这样，也不屑这样。

他所表述的，都是宏大话语，这本容易流于空洞，但他却融入了强烈的个性特色。此外，在《却东西门行》、《苦寒行》、《蒿里行》等诗作中，他又频频使用象征手法，甚至与古代将士和当代将士进行移位体验，进一步证明他在文学上的专业水准。

曹操的诗，干净朴实，简约精悍，与我们历来厌烦的侈靡铺陈正好南辕北辙。人的生命格局一大，总能够把自己的话语简化得铿锵有力。

文化上的三国对垒，更让人哑口无言的，是曹操的一大堆儿子中有两个相当出色，那就是曹丕和曹植。父子三人拢在一起，占去了当时华夏的一大半文化。真可谓"天下三分月色，两分尽在曹家"。

父子三人的文学成就应该如何排序？先要委屈一下曹丕，排在第三。不要紧，他在家里排第三，但在中国历代皇帝中却可以排第二，第一要让给比他晚七百多年的李煜。

那么，家里的第一、第二该怎么排？多数文学史家会把曹植排在第一，而我则认为是曹操。曹植固然构筑了一个美艳的精神别苑，而曹操的诗，则是礁石上的铜铸铁浇。

# 第八节
## 阮籍：大哭又长啸

当年曹操身边有一个深受重用的书记官叫阮瑀，生了个儿子叫阮籍。曹操去世时，阮籍正好十岁。在曹操去世后三四年，他有一个曾孙女婿将要出生，那个孩子叫嵇康。我这么一排，大家就能明白，在曹操身边，新的一代出现了。

这新的一代，面对的是一个"后英雄时代"。长辈们龙争虎斗了一辈子，谁也没有胜利，只留下狼藉的山河、破碎的人心。于是，新的一代不再相信以前的一切，重新冷眼深思、特立独行。他们之中，又有一些人极具哲学天赋和艺术才华，留下了一份高贵、神奇、凄美的生命文化，深深地锲入了历史。他们后来一直享有一个共同的称呼——"魏晋名士"。代表者就是阮籍、嵇康。

阮籍喜欢一个人驾着木车游荡，没有目标，只向前走。走着走着，路到尽头了，他哑着嗓子自问："真的没路了？"问完，满眼都是泪水，最后号啕大哭。哭够了，他便持着缰绳驱车向后，另外找路。找着找着又到了尽头，他又大哭，走一路哭一路。荒草野地间谁也没有听见，他只哭给自己听。

平日，他喜欢一种没有词语的歌吟方式，叫"啸"。往往是哭罢之后，感觉有一种沉重的气流涌向喉咙，他长长一吐，音调浑厚而悠扬，似乎没有内容，却吐出了一派风致、一腔心曲，比任何词句都苍茫浩大。

一天，他到苏门山去拜见一位隐居在那里的名士孙登。他本想请教一些历史问题和哲学问题，但孙登好像什么也没有看见，什么也没有听见，泥塑木雕一般坐在那里。阮籍马上领悟，在这里，语言没有用处，因为等级太低了。他觉得应该更换一种交流系统，便缓缓地啸了起来。啸完一段，孙登终于开口了，只说："再来一遍！"阮籍一听，立即站起身来对着群山云天，啸了很久。啸完转身，发现孙登又已经平静入定。

阮籍觉得这次没有白来，完成了一次无言的心灵交流，便下山了。谁知，刚走到山腰，奇迹发生了，一种难以想象的吟啸声突然从山顶传来，充溢于山野林谷之间。阮籍一听，这是孙登大师的啸，回答了他的全部历史问题和哲学问题。

这天他下山之后，快步回家，写了一篇文章，叫《大人

阮籍（吴为山雕塑作品）

先生传》。他在文章中说，像孙登这样的人，才真正称得上
"大人"。因为他们与自然一体，与天地并生，与大道共存，
却又远离浊世，逍遥自在。与他们相比，天下那么多装腔作
势、讲究礼法的所谓"君子"，只是寄生在别人裤子缝里的虱
子罢了。

他没有多写下去，因为千言万语都融化在山谷间的声声
长啸中了。

阮籍这么一位有才华的名人，当然会引起官场的注意。
每一个新上任的统治者都会对他发出邀请。他对官场的态度
很有趣，不像历代文人那样，要么垂涎官场，要么躲避官场，
要么利用官场，要么对抗官场。他的态度是，游戏官场。

有一次，他与司马昭闲聊，说自己到过山东东平，那里
的风土人情很不错。司马昭就顺水推舟，让他出任东平太守。
他也没有怎么推托，就骑上一头驴，到东平上任去了。

他到了东平，只做了一件事，就是把官衙里边重重叠叠
的墙壁拆掉，改成"开放式办公"。这一来，官员们互相监
督，沟通便利，效率提高。接着，他又精简了法令，使社会
风气为之一正。

做完这一点儿事，他就回来了，一算，只花了十来天。

后代历史学家说，阮籍一生，正儿八经地上班，也就是这十几天。为了这次短促的上班，四百多年后的李白还专门写了一首诗来歌颂："阮籍为太守，乘驴上东平。剖竹十日间，一朝风化清。"

当时阮籍所处的环境，礼教森严，尤其对男女之间的接触百般防范。叔嫂之间不能对话，邻里的女子不能直视，等等。对此，阮籍做了一件惊世骇俗的事。

有一位兵家的女孩，极有才华又非常美丽，不幸还没有出嫁就死了。阮籍根本不认识这家的任何人，也不认识这个女孩，但听到消息后就赶去吊唁，还在灵堂大哭了一场，把四方邻居都吓着了。

对于这次莫名其妙的大哭，我在二十几年前发表的《遥远的绝响》中曾写下这么一段话：

阮籍不会装假，毫无表演意识，他那天的滂沱泪雨，全是真诚的。这眼泪，不是为亲情而洒，不是为冤案而流，只是献给一具美好而又短促的生命。这世间，为什么不把珍贵的美好多留一些日子呢？他由此产生联想，因此痛哭。这场痛哭，非常荒唐，又非常高贵。有了阮籍那一天的哭声，其他很多死去活来的哭声就显得太具体、太实在，也太自私了。终于有一个真正的男子汉像模像样地哭过了，没有其他任何理由，只为美丽，只为青春，只为异性，只为生命，哭得那么抽象又那么淋漓尽致。依我看，男人之哭，至此尽矣。

比男女之防更严厉的礼教，是孝道。

孝道，主要表现在父母去世后的繁复礼仪，三年服丧、三年素食、三年禁欲，甚至三年守墓。这一个个漫长的时间，其实与子女对父母的实际感情已经没有太大关系，只是做给人看的。正是在这种氛围中，阮籍的母亲去世了。

按照当时的规矩，在吊唁的灵堂里，只要有人来吊唁，亡者的亲族必须先哭拜，然后客人再哭拜，一次又一次。但是，人们发现，阮籍作为亡者的儿子，只是披头散发地坐着，看到别人进来既不起立，也不哭拜，两眼发直，表情木然。这引起了很多吊唁者的不满，觉得太不礼貌了。这种不满的言论一传开，被一个年轻人听到了。这个年轻人起身捧了一坛酒，拿了一张琴，向灵堂走去。

酒和琴，与吊唁灵堂多么矛盾啊，但阮籍一看就站起身来，迎了上去。他在心里说："你来了吗？与我一样不顾礼法的朋友，你是想用美酒和音乐来送别我操劳一生的母亲？谢谢你，朋友！"

# 第九节
## 嵇康：刑场琴声

那位带着酒和琴来到阮籍母亲灵堂的年轻人，就是嵇康。

他捧着一张琴到阮籍母亲的灵堂去是对的，因为他本身是一位大音乐家。不仅是音乐实践家，而且是音乐理论家。

嵇康有一部重要的音乐理论著作《声无哀乐论》，我认为是中国音乐理论史上的扛鼎之作。他说，一般人认为音乐有哀有乐，因此就会频频用来表达各种情绪，张罗各种仪式。其实，真正的大音乐是天地之音、自然之音、元气之音。他说，音乐如酒，谁说酒一定是制造欢乐或是制造悲哀的？音乐又像是树，柳树被风一吹弯下身来很像是含情脉脉地与谁告别，其实树就是树，自然之物，与悲哀和快乐无关。

但是，当时嵇康这位大音乐家的日常事务，居然是打铁。

他长期隐居在山阳，后来到洛阳郊外开了铁匠铺，每天在大树下打铁。他给别人打铁不收钱，如果有人拿点儿酒来作为酬劳，他就会非常高兴，立即在铁匠铺里拉着别人开怀痛饮。

既然开了个铁匠铺，他就成了一个地地道道的铁匠。

他光着膀子抡锤，肌肉毕现。为此我又不能不补充一个事实：他是一位远近闻名的美男子。

魏晋名士，除了那位"永远的中国第一美男子"潘岳，大多都相貌堂堂，连最严肃的《晋书》在写到阮籍和嵇康时，都要在他们的容颜上花一些笔墨。但比较起来，一定是嵇康更帅，因为那些书都说他已经到了"龙章凤姿"的地步。这在中国古语中是形容男性外表的最高等级了。嵇康有一位朋友山涛，曾在文章中这样描述他的身材：他在平日，像一棵孤松高高独立；一旦醉了，就像一座玉山即将倾倒。

现在，这高高孤松、巍巍玉山正在打铁。谁也无法想象，这位帅到了极点的铁匠，居然是一位千年难遇的大音乐家、大艺术家、大哲学家！

这天他正在打铁，一支豪华的车队来到铁匠铺前。车队的主人叫钟会，是一位受朝廷宠信的年轻学者，一直崇拜嵇康，就带了一大批也想结识嵇康的都市友人前来拜访。但嵇康不喜欢这么豪华的排场，认为这个车队破坏了他返璞归真的天然生活，只是扫了他们一眼，继续打铁。钟会一下子就尴尬了，等了一会儿还是无法和嵇康交流，只得上车驱马准备回去。

这时传来嵇康的声音："你听到了什么，来了？又看到了什么，走了？"

钟会回答得很聪明："我听到了一点儿什么，来了；又看到了一点儿什么，走了！"

这以后，嵇康遇到了一件让他生气的事。一个哥哥企图占有弟弟的妻子，就向官府反告弟弟"不孝"。"不孝"在当时是死罪。嵇康认识这两兄弟，知道事情的原委，便写信怒斥那个哥哥，并宣布绝交。但这一来，他因为"不孝罪的同党"被捕。

统治者司马昭要杀害嵇康这么一位名人毕竟有点儿犹豫，但是，有一句小话递到他耳边了，说的是："您现在统治天下已经没有什么可担忧的了，只需稍稍提防嵇康这样的傲世名士。"递小话的，就是那个被嵇康冷落在铁匠铺边的钟会。于是，司马昭下令：判嵇康死刑，立即执行。

这是中国文化史上最黑暗的日子之一，居然还有太阳。嵇康身戴木枷，被一群兵丁从大狱押到刑场。突然，嵇康听到前面有喧闹声，而且声音越来越响。原来，有三千名太学生正拥挤在刑场边上请愿，要求朝廷赦免嵇康，让嵇康担任太学的导师。 一个官员冲过人群，来到刑场高台上宣布：朝廷旨意，维持原判！

身材伟岸的嵇康抬起头来，眯着眼睛看了看太阳，便对身旁的官员说："行刑的时间还没到，我弹一首曲子吧。"不等官员回答，便对在旁送行的哥哥嵇喜说："哥哥，请把我的琴取来。"

琴很快取来了，在刑场高台上安放妥当，嵇康坐在琴前，对三千名太学生和围观的民众说："请让我弹一遍《广陵散》。过去袁孝尼多次要学，都被我拒绝。《广陵散》于今绝矣！"

刑场上一片寂静，神秘的琴声铺天盖地。

弹毕，嵇康从容赴死。

这是二六二年夏天，嵇康三十九岁。

# 第十节
## 王羲之：笔墨门庭

魏晋名士显然想对原有的中国文化进行"颠覆性改写"，他们的行为虽然具有孤傲的气韵，却缺少社会气场。

他们的大哭、吟啸、打铁、弹奏，不仅普通百姓完全不懂，而且绝大多数文人学士也难以理解，无法追随。

魏晋时代，也有一种不带杀伐气、焦灼气、暴戾气的文化受到了所有人的喜爱，而且长时间地留了下来，那就是书法，特别是以王羲之为代表的行书。在如此混乱的年代能够产生如此安定而雅致的艺术，实在让人震撼于天地所执持的一种伟大平衡。因此，我在讲了那些凄厉的故事之后，一定要把大家带到魏晋笔墨的前面，以便在巨大的落差中感受一种大动荡中的大美学。

那就必须进入那个神奇的门庭——东晋王家了，王羲之的家。

王家祖籍山东琅琊，后迁浙江山阴，也就是现今浙江绍兴。王家有多少杰出的书法家？王羲之的父亲王旷算一个，但是，堂叔叔王导和叔叔王廙的书法水准比王旷高得多。到王羲之一辈，堂兄弟中的王恬、王洽、王劭、王荟都是大书法家。其中，王洽的儿子王珣和王珉，依然是笔墨健将。我们现在还能在博物馆里凝神屏息地一睹风采的《伯远帖》，就出自王珣手笔。

那么多王家俊彦，当然是名门望族的择婿热点。一天，一个叫郗鉴的太尉，派了门生来选女婿。太尉有一个叫郗璿的女儿，才貌双全，已到了婚嫁的年龄。门生到了王家的东厢房，那些男青年都在，也都知道这位门生的来历，便都整理衣帽，笑容相迎。只有在东边的床上的一个青年，袒露着肚子在吃东西，完全没有在乎太尉的这位门生。门生回去后向太尉一描述，太尉说："就是他了！"

于是，这个袒腹青年就成了太尉的女婿，而"东床"，则成了此后中国文化对女婿的美称。

这个袒腹青年就是王羲之。

王羲之与郗璿结婚后，生了七个儿子，每一个都擅长书法。其中五个，可以被正式载入史册。除了最小的儿子王献之名垂千古，凝之、徽之、操之、涣之四个都是书法大才。这些儿子，从不同的方面承袭和发扬了王羲之。

於所遇暫得於己快然自足不
知老之將至及其所之既惓情
隨事遷感慨係之矣向之所
欣俛仰之間以為陳迹猶不
能不以之興懷況修短隨化終
期於盡古人云死生亦大矣
豈不痛哉每攬昔人興感之由
若合一契未嘗不臨文嗟悼不
能喻之於懷固知一死生為虛
誕齊彭殤為妄作後之視今
亦由今之視昔悲夫故列
敘時人錄其所述雖世殊事
異所以興懷其致一也後之攬
者亦將有感於斯文

永和九年歲在癸丑暮春之初會
于會稽山陰之蘭亭修稧事
也群賢畢至少長咸集此地
有峻領茂林修竹又有清流激
湍暎帶左右引以為流觴曲水
列坐其次雖無絲竹管弦之
盛一觴一詠亦足以暢敘幽情
是日也天朗氣清惠風和暢仰
觀宇宙之大俯察品類之盛
所以遊目騁懷足以極視聽之
娛信可樂也夫人之相與俯仰
一世或取諸懷抱悟言一室之內

王羲之《兰亭序》（唐代摹本）

更让人惊讶的是，这个家庭里的不少女性，也是了不起的书法家。例如，王羲之的妻子郗璿，被周围的名士赞为"女中仙笔"。王羲之的儿媳妇，也就是王凝之的妻子谢道韫，更是闻名远近的文化翘楚，她的书法，被评为"雍容和雅，芳馥可玩"。在这种家庭气氛的熏染下，连雇来帮助抚育小儿子王献之的保姆李如意，居然也能写得一手草书。

李如意知道，就在隔壁，王洽的妻子荀氏，王珉的妻子汪氏，也都是书法高手。脂粉裙钗间，典雅的笔墨如溪奔潮涌。

我们能在一千七百年后的今天，想象那些围墙里的情景吗？可以肯定，这个门庭里进进出出的人都很少谈论书法，门楣、厅堂里也不会悬挂名人手迹。但是，早晨留在几案上的一张出门便条，一旦藏下，便必定成为海内外哄抢千年的国之珍宝。

晚间用餐，王献之握筷的姿势使对桌的叔叔多看了一眼，笑问："最近写多了一些？"站在背后的年轻保姆回答："临张芝已到三分。"谁也不把书法当专业，谁也不以书法来谋生。那里出现的，只是一种生命气氛。

自古以来，这种家族性的文化大聚集，很容易被误解成生命遗传。 请天下一切姓王的朋友原谅了，我说的是生命气氛，而不是生命遗传。

在王羲之去世二百五十七年后建立的唐朝是多么意气风发，但对王家的书法却一点儿也不敢"再创新"。 就连唐太宗，这么一个睥睨百世的伟大君主，也只得用小人的欺骗手段赚得《兰亭序》，最后殉葬昭陵。 他知道，万里江山可以易主，文化经典不可再造。

# 第十一节
## 陶渊明：田园何处

在王羲之创造书法奇迹后，江西出现了一个杰出诗人陶渊明，用一种竹篱黄花的隐逸生活，归结了魏晋时代。

不少历史学家把陶渊明也归入魏晋名士一类，可能有点儿粗略。陶渊明比曹操晚了二百多年。他出生的时候，阮籍、嵇康也已经去世一百多年。他与这两代人，都有明显区别。他对三国群雄争斗的无果和无聊，看得很透，这一点与魏晋名士是一致的。但他与魏晋名士的区别也十分明显，他会觉得他们虽然喜欢老庄却还不够自然，在行为上有点儿故意，有点儿表演，有点儿"我偏要这样"的做作，这就与道家的自然观念有了很大的距离。他还觉得，魏晋名士身上残留着太多都邑贵族子弟的气息，清谈中过于互相依赖，又过于在乎他人的视线。他认为，真正彻底的放达应该进一步回归自然个体，回归僻静的田园。

这样一个陶渊明，民众也不容易接受。他的言辞非常通俗，但民众不在乎通俗，而在乎轰动。民众还在乎故事，而陶渊明又恰恰没有故事。

因此，陶渊明理所当然地处于民众的关注之外。同时，他也处于文坛的关注之外，因为几乎所有的文人都学不了他的安静，不敢正眼看他。他们的很多诗文其实已经受了他的影响，却还是很少提他。

到了唐代，陶渊明还是没有产生应有的反响。好评有一些，比较零碎。直到宋代，尤其是苏东坡，才真正发现陶渊明的光彩。苏东坡是热闹中人，由他来激赞一种远年的安静，容易让人信任。细细一读，果然是好。于是，陶渊明成了热门。

由此可见，文化上真正的高峰是可能被云雾遮盖数百年之久的，这种云雾主要朦胧在民众心间。大家只喜欢在一座座土坡前爬上爬下、狂呼乱喊，却完全没有注意那一抹与天相连的隐隐青褐色，很可能是一座惊世高峰。

陶渊明这座高峰，以自然为魂魄。他信仰自然，追慕自然，投身自然，耕作自然，再以最自然的文笔描写自然。

请看：

陶渊明（陈洪绶《归去来图·采菊》）

结庐在人境，

而无车马喧。

问君何能尔？

心远地自偏。

采菊东篱下，

悠然见南山。

山气日夕佳，

飞鸟相与还。

此中有真意，

欲辨已忘言。

　　这首诗非常著名。普遍认为，其中"采菊东篱下，悠然见南山"两句表现了一种无与伦比的自然生态意境，可以看成陶渊明整体风范的概括。但是王安石最推崇的却是前面四句，认为"奇绝不可及"，"有诗人以来，无此句也"。王安石做出这种超常的评价，是因为这几句诗用最平实的语言道出了人生哲理，那就是：在热闹的"人境"也完全能够营造偏静之境，其关键就在于"心远"。

　　他终于写出了自己的归结性思考：

纵浪大化中，
不喜亦不惧。
应尽便须尽，
无复独多虑。

　　一切依顺自然，因此所有的喜悦、恐惧、顾虑都被洗涤得干干净净，顺便把文字也洗干净了。你看这四句，干净得再也嗅不出一丝外在香气。我年轻时初读此诗便惊叹果然真水无色，后来遇到高龄的大学者季羡林先生，他告诉我，这几句诗，正是他毕生的座右铭。

　　"大化"——一种无从阻遏也无从更改的自然巨变，一种既造就了人类又不理会人类的生灭过程，成了陶渊明的思维起点。陶渊明认为我们既然已经跳入其间，那么，就要确认自己的渺小和无奈。而且，一旦确认，我们也就彻底自如了。彻底自如的物态象征，就是田园。

　　然而，田园还不是终点。

　　陶渊明自耕自食的田园生活虽然远离了尘世恶浊，却也要承担肢体的病衰、人生的艰辛。在日趋穷困的境遇下，唯一珍贵的财富就是理想的权利。于是，他写下了《桃花源记》。

　　桃花源是一个美丽的理想境界，它既与历史过程脱离，又与现实社会脱离，可称之为"时间和空间的双重脱离"。在时间上，桃花源中人"不知有汉，无论魏晋"，那就让历史停止了、消失了。在空间上，桃花源在乱世之外藏下了一个桑竹阡陌、鸡犬相闻、黄发垂髫的天地，绝不向外界探望，因此也切除了外界。为了维护这么一个美丽的理想境界，《桃花源记》又设计了不可再度寻找的结尾。不可再度寻找，也就是不容异质介入，这就体现了陶渊明在守藏理想时有一种近似洁癖的冷然。

　　田园是"此岸理想"，桃花源是"彼岸理想"。终点在彼岸，一个可望而不可即的终点。陶渊明告诉一切实用主义者，理想的蓝图是不可以随脚出入的。在信仰层面上，它永远在；在实用层面上，它不可逆。

# 第十二节
## 李白：圣殿边冻僵的豹子

文化史上最杰出的第一流人物大多处于孤峰独立的状态。有时在漫长的数百年间连一座孤峰都找不到。但是也有一些特殊时期，元气汇聚，出现了令后代仰望的群体辉煌。

在中国文化史上，最典范的群体辉煌，一是诸子百家，二是唐代诗人。

在一般印象中，诗人要比哲人快乐。唐代诗人留下的那些千古佳句，跃动在无数后代学人的嘴边、耳边，这就让人揣想，写出这些诗句的诗人，一定会度过浪漫而诗意的一生。

这种揣想没有大错，但是必须立即做出重大补充：那几位最有代表性的唐代诗人，个人命运都遭受了太多磨难，而唐代并没有救助他们，读者也没有救助他们。

海明威在《乞力马扎罗的雪》中写道，在山顶圣殿边上，有一只冻僵的豹子。它是怎么被冻僵的？是它自己来寻找生命的终点，还是寒流来时来不及下山？不知道。

现在，我们的唐代文学圣殿边，冻僵的豹子远远不止一只。

也许正因为这些冻僵的豹子，雪山显得更高了，圣殿也更神圣了。

但对豹子本身，毕竟有点残酷。

唐代文学圣殿边的冻僵，都是因为一场突如其来的寒流。这场寒流就是"安史之乱"。

所谓"安史之乱"，也就是在唐王朝历史的半道上，军政要员安禄山、史思明发动叛乱，闹了八年才被平定，唐王朝从此走向衰疲。

"安史之乱"不管有多少具体罪恶，其中最大的罪恶是让唐王朝泄了气。随之，中国文化的生命力也减损了元气。

在巨大的政治乱局中，最痛苦的是百姓，最狼狈的是诗人。

诗人为什么最狼狈？

第一，因为他们敏感，满目疮痍使他们五内俱焚；

第二，因为他们自信，觉得自己有俯视天下的相国之才，一见危难就想按照自己的逻辑采取行动；

第三，因为他们幼稚，不知道乱世逻辑和他们的心理逻辑全然不同,他们的行动不仅处处碰壁,而且显得可笑、可怜。

这三个特征在李白身上体现得最明显。

我们暂时搁下"安史之乱",先从整体上远眺一下这个李白。

我曾经论述,李白与其他诗人不同的地方,是对天下万物一直保持着"天真的惊讶,陌生的距离"。我们在他的诗里读到千古蜀道、九曲黄河、瀑布飞流时,就能同时读到他的眼神,几分惶恐,几分惊叹,几分不解,几分发呆。首先打动读者的,是他的这种天真的惊讶,大家被他感染,于是也改造了自己的眼神。

惊讶与陌生有关。他写了"中华第一思乡诗",却从来不回故乡,只想永远追赶陌生,永远成为一个"异乡人"。即便对朋友,他也保持着某种"陌生的距离"。由此,他成了一叶"不系之舟",成了一只"无群之雁"。

这种人生气韵,可以在诗歌的天地中惊艳千里,一旦遇到政治就麻烦了,他的天真、惊讶、陌生、距离,都成了负面障碍。

"安史之乱"前夕,李白在河南商丘,因为妻子住在那

李白（梁楷《太白行吟图》）

里。叛军攻击商丘，他就带着妻子经安徽宣城，躲到了江西庐山。

李白深明大义，痛恨"安史之乱"，一心想为平叛出力。他所在的庐山属于永王李璘管辖，李璘读过李白的诗，就派人上庐山邀请他加入幕府做顾问。李白觉得，能够跟着永王去平叛，求之不得，立即就答应了，但是他的妻子出来阻止。

李白的这位妻子，是武则天时候的宰相宗楚客的孙女，深知政治的复杂性。她太了解自己这位可爱的丈夫了，虽然充满了正义感和自信心，却严重缺少判断力和执行力，一旦下山从政，一定不事。

但李白还是下山了。他有一句诗写到当时的情景："出门妻子强牵衣……"当然，妻子没有把他的衣服牵住。

果然不出妻子所料，一身理想的李白，确实分辨不了政治形势。他所追随的永王李璘，虽然接受了父亲唐玄宗的指令，正在顺长江东下，但太子李亨已经即位，成了肃宗皇帝，下令李璘掉转方向西行。李璘没听，这就成了抗旨，成了另一种反叛，双方打了起来。

这一下李白蒙了，自己明明是来参加平叛的，怎么转眼成了另一种反叛？

更麻烦的是，永王的队伍受到新皇帝的讨伐，很快作鸟兽散了，却留下了一个天下名人李白。很快大半个中国都知道了，李白上了贼船。

李白狼狈出逃，逃到江西彭泽时被捕，押到了九江的监狱。妻子赶到监狱，两人一见面就抱头痛哭。李白觉得，自己最对不起的是妻子。

李白被判，流放到夜郎，那地方在今天的贵州，很遥远。七五七年寒冬，李白与妻子在浔阳江边流着眼泪告别。幸好，一年多以后，朝廷因为关中大旱，发布了大赦令，名单中有李白。

李白终于回来了。他在江船上写了那首所有的中国人都会朗诵的诗：

朝辞白帝彩云间，千里江陵一日还。
两岸猿声啼不住，轻舟已过万重山。

朗诵者们不知道的是，写出这么美丽诗句的诗人，生命之舟已经非常沉重。诗中所说的"轻舟"，带向了他生命的最后年月。在最后年月，他只能求得别人时有时无的周济，六十一岁去世。

李白所遭遇的危难，有很多让人痛心的环节，而最让我痛心的是这样一个事实：天下大量痴迷他诗歌的人，不想救他。

只有一个人在怀念他，那就是杜甫。杜甫在一首怀念李白的诗中有这样两句："世人皆欲杀，吾意独怜才。"

请听听"世人皆欲杀"这五个字。杜甫在这里所说的"世人"，当然不是指全天下的人，但至少是指当时朝野上下的多数政客和文人。他们都知道李白一心只想平叛，分不清皇帝两个儿子的关系，将他入罪非常冤枉，而且也都知道他是一个稀世天才，千年难得。但是，他们异口同声要把他杀了。

也就是说，把"床前明月光"给杀了，把"举杯邀明月"给杀了，把"黄河之水天上来"给杀了，把"噫吁嚱，危乎高哉"给杀了！

这实在要给中国文化的社会接受心理，打上一个大大的问号。

也许有人会出来辩解，说他们只是害怕政治麻烦。其实，害怕政治麻烦，最多也就是不发言、不吭声罢了，为什么要如此表态？

我认为，这里包含着因嫉妒而生恨的成分，而且有一种企盼观赏杰出生命受难的不良癖好。

难道他们有资格来嫉妒李白？

这不是一个人对另一个人的嫉妒，而是一种整体嫉妒。原来，与权力和财富相比，文化更能区分生命等级，因此一切著名文化人都会成为别人生命等级的潜在威胁。正因为这样，自古以来，不少同行很想看到他们伤痕累累，尽快消失；不少读者很想看到他们挣扎呻吟，求告无门。过后也会说一些好话，但那大多是在他们死亡之后。这种负面心态，严重地损害了中国文化的创造实绩。

但是，不管怎么喊杀，李白是不朽的。我说过，那些喊杀的人，如果还有灵魂留在历史上，那一定为自己曾经与李白生在同一个时代而扬扬得意。


二十年前，安徽马鞍山采石矶风景区找到我，说他们那里正是李白去世的地方，历代总要刻碑纪念，立于三台阁，但是缺少一个当代之碑，希望我来写，而且希望用我自己的书法。我立即铺纸磨墨，写了一个碑。很快这个碑就刻在万里长江边上了。

既然是以书法写碑，当然适合用文言文，但我又希望一般游客都能读懂，一起来纪念李白，因此用的是浅近文言，大家一看就能够明白。

此为采石矶，李白辞世地。追溯三千里，屈原诞生地；追溯两千里，屈原行吟地；追溯一千里，东坡流放地。如许绝顶诗人，或依江而生，或凭江而哭，或临江而唱，或寻江而逝，可见此江等级，早已登极。余曾问：在世界名山大川间，诗格最高是何处？所得答案应无疑：万里长江数第一。

细究中华诗情，多半大河之赐。黄河呼唤庄严，长江翻卷奇丽；黄河推出百家，长江托举孤楫；黄河滋养王道，长江孕育遐思；黄河浓绘雄浑，长江淡守神秘。两河喧腾相融，合成文明一体。

李白来自天外，兼得两河之力，一路寻觅故乡，归于此江此矶。于是立地成台，呼集千古情思，告示大漠烟水，天下不可无诗。

诗为浮生之韵，诗乃普世之寄。既然有过盛唐，中国与诗不离；既然有过李白，九州别具经纬。

# 第十三节
# 杜甫：以苦难抚摩苦难

李白遭遇大难，只有杜甫在怀念他，这就要说说李白与杜甫的友情了。

李白与杜甫相遇是在七四四年。那一年，李白四十三岁，杜甫三十二岁，两人相差十一岁。

很多年前，我曾对这个年龄产生疑惑，因为从小读唐诗时一直觉得杜甫比李白年长。李白英姿勃发，充满天真，而杜甫则温良敦厚，有长者之风。由此可见，艺术风格所投射的生命基调，会兑换成不同的年龄形象，与真实的年龄有很大差别。

李白与杜甫相遇的时候，彼此有一种特殊的感觉。李白当时已名满天下，而杜甫还只是崭露头角。杜甫早就读过李白的很多诗，一见其人，全然着迷。李白见到杜甫也眼睛一亮，他历来不太懂得识人，经常上当受骗，但如果让他来识别一个诗人，却错不了。他听杜甫吟诵了几首新写的诗，立即惊叹。当然，他不能预知，眼前这个年轻人，将与他一起共享中国诗歌的王者之尊，永远无人觊觎。

他们最早是在洛阳认识的，后来又在今天河南开封市的东南部，旧地名叫陈留的地方相聚。还与几个朋友一起，骑马到商丘以北的一个大泽湿地打猎。李白和杜甫的结交，甚至到了"醉眠秋共被，携手日同行"的地步。

但是，对友情，似乎杜甫更为专注。杜甫写了很多怀念李白的诗，而李白却写得不多。这里体现了两种不同的人生风格，却不影响他们在友情领域同样高贵。这就像大鹏和鸿雁相遇，一时间巨翅翻舞，山川共仰。但在它们分别之后，鸿雁不断地为这次相遇高鸣低吟，而大鹏则已经悠游于南溟北海，无牵无碍。差异如此之大，但它们都是长空伟翼、九天骄影。

处于思念中的杜甫，自己的处境又怎么样呢？也不好，但麻烦比李白小一点儿。

"安史之乱"爆发时，杜甫刚做上一个小官，不在长安，却很快回来了。长安城被叛军攻陷后，年迈的唐玄宗逃到四川，新皇帝李亨在遥远的灵武即位，成为唐肃宗，准备反攻。杜甫想，自己官职虽小，灵武虽远，也要赶去参与皇帝平叛

杜甫（吴为山雕塑作品）

的大业，就把家人安置在陕西富县的羌村，自己则与其他人投入漫漫荒原，远走灵武。但是，他们很快被叛军的马队追上了，押回长安，被当作俘虏囚禁起来。

杜甫被囚禁八个月后，有一天在草木的掩蔽下又逃了出去。这时他听说，皇帝已经从灵武到了凤翔，那就近多了，他很快找到了朝廷和皇帝。皇帝见到这位大诗人脚穿麻鞋，衣衫褴褛，有点儿感动，就留他在身边做谏官，叫"左拾遗"。谏官，也就是提意见的官。

没想到，他卷入了"房党"事件。所谓"房党"，是指房琯的党羽。这个房琯是个高官，在唐玄宗和新皇帝交接的事情上立有大功，但有人向新皇帝挑拨，说他更忠于老皇帝，这就碰到了新皇帝内心的死穴。正好房琯进攻长安失败，就遭到了贬斥。

于是杜甫站出来了，上奏说，房琯这人是自己奋斗出来的，现在已经成了学养很好的高官，很有大臣的体面，希望皇上从大处着眼。皇帝一听很生气，觉得杜甫就是"房党"，下令治罪，"交三司推问"。

在当时，皇帝下令"交三司推问"，肯定凶多吉少。杜甫在这件事情上的遭遇，与司马迁几乎一样，由于替别人讲话而遭罪。这让人不能不后怕，想到在朝廷极权之下，中国文化有可能在顷刻之间失去杜甫。只是，有时也会出现偶然因素，使悲剧稍稍停步。杜甫那天遇到的偶然因素是，有人提醒皇上，杜甫的职务是"谏官"，专门用来提意见的。皇上一想也对，就放过了他，但也不再信任杜甫。

后来杜甫被贬为"华州司功参军"，他到华州一看，什么也干不了，就带着家属到甘肃投靠一个远房亲戚，但在那里又过不下去，只得回来，到处寻找生机。在成都草堂住的时间比较长，后来又继续流浪。他不可能向任何机构领取薪俸，只能找熟人接济，经常很多天都没有什么吃的，又患有严重的肺病、糖尿病、风湿性关节炎，后来耳朵也聋了，牙齿还掉了一半。七七〇年冬天，他病死在洞庭湖的一条船上，那年他五十八岁。

这个始终在战乱和饥饿中逃命的可怜流浪汉，居然是一个世界级的顶峰诗人。

杜甫的诗，基本风格是"沉郁顿挫"，其实风姿宏富，处处领先创新，对后世诗歌的实际影响力，比李白还要深厚。他非常细腻而多情，有"香雾云鬟湿，清辉玉臂寒"这样的句子，但又气魄浩大，创造过"无边落木萧萧下，不尽长江滚滚来"、"向来皓首惊万人"、"月出寒通雪山白"这样的意境。他拥有无限空间,"舍南舍北皆春水,但见群鸥日日来"、"窗含西岭千秋雪,门泊东吴万里船"……

但是,他的诗歌最让人感动的,是无尽忧虑中的无尽善良。

他为苍生大地投注了极大的关爱和同情。再小的村落,再穷的家庭,再苦的场面,都逃不过他的眼睛。他静静观看,细细倾听,长长叹息,默默流泪。他无钱无力,很难给予具体帮助,能给的帮助就是这些眼泪和随之而来的笔墨。

一种被关注的苦难就不再是最彻底的苦难,一种被描写的苦难就不再是无望的泥潭。中国从来没有一个文人,像杜甫那样描写苦难存在的方位和形态,以及苦难承受者的无辜和无奈。他用自身的苦难抚摩大地的苦难,因此成了中国文化史上最完整的"同情语法"的创建者。后来中国文人在面对民间疾苦时所产生的心理程序,至少有一半与他有关。中国文化因为有过他,增添了不少善的成分。

人世对他,那么冷酷、那么吝啬、那么荒凉;而他对人世却完全相反,竟是那么热情、那么慷慨、那么丰美。

他流浪的地方多,流浪的线路长,构成了一幅饱含深情的"杜甫地图"。

他是什么地方人？很多人都会说四川成都，那是因为"杜甫草堂"。其实，要说祖籍，是在湖北襄阳，但祖父已经迁到河南巩县（今巩义市），因此一般都说他是巩县人。他的"心理家乡"，分布在中国很多地方。我真希望，他的足迹能被今人用诗化的方式好好纪念。只要是他写到过的地方，最好能立下一座座诗碑。"诗意地居住"，这是西方哲学家的理想，在中国却可以展开得更加饱满。因为除了诗化的自然环境，还可以让诗作本身来做证。

我多么希望，让李白、杜甫的诗，从课本走向旷野，从诗集走向山水。其实，这也是对后代的一种美学唤醒。

# 第十四节
## 王维：美的侥幸

很多年前我在北京大学讲授"中国文化史"时，曾经要求各系学生对自己最喜爱的唐代诗人做一个排序投票。结果在李白、杜甫之后，王维是第三名。我想，有的教师可能会把白居易放在第三，把王维放在第四，这都是可以的，我则按照当代学生的心理，紧接着讲王维吧。

王维和李白，生卒年几乎一样。好像王维比李白大几个月，李白又比王维晚走一年。李白因为对仕途失望而四处漫游，王维却因为受到重视而被仕途左右。然而王维毕竟是王维，当信任他的宰相张九龄被李林甫所取代，而他又丧失了心爱的母亲和妻子之后，就在心中挥走了最后一丝豪情，过起了半做官、半隐退的生活。正是在这期间，他写下了我们今天还非常喜欢的那些诗。

"安史之乱"发生后，他被叛军俘虏。问题是，他的文化名声使安禄山也知道他，逼他做官。王维不知道如何反抗，先是服了大量泻药，号称生病，后来又假装嗓子哑了。但是安禄山不管，还是给了他一个"给事中"的官职，与他原先在唐王朝中的官职一样，位阶不低。这就算是在反叛的政权中担任"伪职"了。王维知道此事非同小可，壮着胆子出逃了一次，却又被抓了回来，被迫任职。

不管怎么说，这对王维来说，实在是牵涉到了政治大节。相比之下，李白只是在讨伐安禄山的大方向下跟错了人；杜甫连人也没有跟错，只是为一位大臣说了几句话；而王维，却硬是被逼迫成了安禄山手下的人，而且是个官职不小的要人。后来，唐王朝反攻长安得胜，所有在安禄山手下担任"伪职"的官员，全都成了朝野上下共同声讨的叛臣，必判重罪。可怜的王维也名列其中，而且由于他最有名，成了全国关注的焦点。

"安史之乱"太让人痛恨了，王维几乎没有活下来的可能。

但是，王维奇迹般地得救了。救他的不是别人，而是他自己。

原来，就在王维担任伪职期间，曾发生一件事。那天，安禄山在凝碧池里举行庆功宴，逼迫梨园弟子伴奏，领头的乐工雷海青当场扔下琵琶，号啕痛哭。安禄山立即下令，处死雷海青，而且手段非常残忍。

我希望大家记住这位勇敢的唐代音乐家的名字，他当着安禄山的面宣告，艺术不与邪恶合作，为此可以付出任何代价。

王维听到了这件事，深受冲击，立即写了一首诗，题目叫《菩提寺禁裴迪来相看说逆贼等凝碧池上作音乐供奉人等举声便一时泪下私成口号诵示裴迪》。诗题冗长而曲折，但显而易见，他一下子就把安禄山称作了"逆贼"。诗的前两句是"万户伤心生野烟，百官何日再朝天？"意思是，在这万户伤心的日子里，这里的百官什么时候能够再一次朝拜真正的天子？

这首诗因为出自大诗人王维之手，立即悄悄传开了，而且传到新皇帝唐肃宗李亨的耳朵里，李亨由此知道了长安、洛阳城里的人对自己的深深期盼。因此，到了破城之日，王维被俘，皇帝凭着这首诗，示意对他从轻发落。

而且，王维有一个出色的弟弟叫王缙，是平叛战役中的有功将领。他向朝廷提出，削减自己的官职和功勋来减轻哥哥的罪责。这一来二去，王维就没事了。

这不应该看成是王维的侥幸。因为当初他写的这首诗，既然传到城外了，那也极有可能传到安禄山的耳朵里。按照安禄山的脾气，他一定会说，既然你那么同情雷海青，那就一起到他那里去吧。因此，王维在敌营痛恨逆贼，而且有写诗的实际举动，是真实的。他的诗在当时产生了正面影响，也是真实的。有了这两度真实，他应该免祸。但是，如果那天他没有写这首诗呢？

不管怎么说，对我们这些后代读者来说，实在是一个大大的侥幸。试想，如果王维因为"投靠安禄山"而蒙罪，即使逃过了杀身之祸，也逃不过千古恶名，那么按照中国文坛历来的道义底线，他的诗作也就留不下来了。那就赶紧让我们再看一看他的那些美丽诗句：

空山新雨后，天气晚来秋。明月松间照，清泉石上流。

独坐幽篁里，弹琴复长啸。深林人不知，明月来相照。

红豆生南国，春来发几枝？愿君多采撷，此物最相思。

君自故乡来，应知故乡事。来日绮窗前，寒梅著花未？

独在异乡为异客，每逢佳节倍思亲。遥知兄弟登高处，遍插茱萸少一人。

劝君更尽一杯酒，西出阳关无故人。

大漠孤烟直，长河落日圆。

当然，我们还不妨关注一下他在历尽风波之后的晚年心境。请看他的这首诗：

晚年唯好静，万事不关心。自顾无长策，空知返旧林。

说过了李白、杜甫、王维的遭遇，大家一定百感交集。

你们在各种文学史上读不到这些内容，那里也会说到一些生平事迹，但不会触及他们人生的痛切之处、尴尬之处。其实，正是这些痛切之处、尴尬之处，才能使我们真正地了解他们。

他们在创造文化、经历磨难的时候，既展现了自己的人格，也淬砺了自己的人格。例如王维，一定在乐工雷海青壮烈牺牲的事迹中，反思过自己的人格结构，因此拿起了笔。

　　除了李白、杜甫、王维，唐代诗人中还有许多名家值得我们关注。年轻的读者们今后即使不以文学为专业，也应该知道白居易、王之涣、孟浩然、杜牧、王昌龄、刘禹锡、李商隐，以及他们的代表作。唐代文化的千古之美，正是由这些作品组成。

# 第十五节
## 颜真卿：人格地标

"安史之乱"突然爆发时，朝廷上下毫无思想准备。那么，大家都在准备什么呢？准备当夜的乐府，准备明天的梨园，准备山间的论道，准备河边的小宴。

唐朝的三分之一军队都掌握在叛臣安禄山手里。当叛军以迅雷不及掩耳之势横扫大地的时候，唐玄宗着急地问道："河北二十四郡，难道没有一个忠臣吗？"

有一个人站出来了，他就是颜真卿。但是唐玄宗对他不熟悉，问："这是谁呀？"

颜真卿站出来很不容易，因为他和他的哥哥颜杲卿，都是安禄山管辖下的太守。颜真卿的所在地是平原，也就是现在的山东德州。他哥哥的所在地，是现在的河北正定。颜真卿首先发表讨伐安禄山叛变的檄文，在一天之内就募集了一万多士兵。由于他的号召力，黄河以北的正义力量纷纷投向他，他很快集中了二十万军队，并被推举为主帅。

他最迫切的事是要与哥哥商量每一个环节，但彼此隔得太远，就选了一个年轻的联络员，那就是哥哥的儿子、自己的侄子颜季明。由于颜季明的奔走，颜真卿和哥哥的英勇行动就遥相呼应了。

但是不幸，哥哥在战斗中被安禄山逮捕。安禄山用最残酷的方式对付颜真卿的哥哥，割下了他的舌头，剁了他的手，而且把颜家三十余口全部杀害，颜季明也被砍了头。

对于颜家的巨大牺牲，皇帝当然也很感动，但是朝廷老是打败仗，又退又逃，也就顾不上去纪念这个家族了。

朝廷不纪念，自己来纪念。颜真卿用文章祭祀自己的家人，其中祭祀侄子颜季明的那份《祭侄文稿》，满篇都蕴含着斑斑血泪和铮铮铁骨，成了中国书法史上除王羲之《兰亭序》之外的第二经典。

颜真卿带着二十万兵马向安禄山进攻那一年，四十六岁。又过了二十八年，谁也没有想到，七十四岁高龄的颜真卿又接受了一项朝廷使命。

原来，"安史之乱"平定之后，那些地方军事势力因为也参与过平叛，似乎获得了扩张的理由。其中，河南许昌的李希烈与另一支部队联合起来，准备与朝廷唱对台戏，自己称帝。对此，已经很衰弱的朝廷除了派人去劝诫和安抚，没有

颜真卿（出自《历代君臣图鉴》清代拓本）

其他办法。那么，派谁去合适呢？皇帝想到了颜真卿。

皇帝的理由有两点：第一，李希烈现在这么张扬，是因为平叛有功，但平叛的第一功臣是颜真卿，他完全有资格居高临下地教训李希烈；第二，颜真卿已经七十四岁，又是全国敬仰的文化名人，李希烈能把他怎么样？

对这件事，朝廷也有过犹豫。宰相卢杞别有所图，但很多官员持有不同意见。不同意见无非两点：第一，长安到许昌路途遥远，老人家的身体折腾不起；第二，李希烈如果害了颜真卿，唐朝也就失去了国魂。

但是，颜真卿本人觉得义不容辞，还是上路了。一路上有各地官员和将士在半道上劝阻，但都没有效果，老人还是继续前行。

到了许昌，李希烈指挥一千多个"干儿子"拔刀而立，面目狰狞。颜真卿举止自若，毫不畏惧。李希烈又放下笑脸，对颜真卿说："我做皇帝，你做宰相吧。"颜真卿立即怒斥，说分裂大唐是天大罪恶。

后来，李希烈用各种方式威胁老人，试图让他屈服。一会儿，挖了一个一丈见方的大泥坑，说如果再不听话，就推下去活埋。颜真卿回答说："生死有分，不用啰唆！"一会儿，

賊臣不救

孤城圍逼　父陷子死巢

傾卵覆　天不悔禍誰為

荼毒念爾遘殘百身何贖

嗚呼哀哉

吾承天澤移牧河關

泉明比者再陷常山攜爾

首櫬及茲同還

撫念摧切

震悼心顏方俟遠日

卜爾幽宅魂而有知

無嗟久客

維乾元元年歲次戊戌九月庚午朔三日壬申，第十三（叔）銀青光祿（大）夫使持節蒲州諸軍事蒲州刺史上輕車都尉丹楊縣開國侯真卿，以清酌庶羞祭於亡姪贈贊善大夫季明之靈曰：惟爾挺生，夙標幼德，宗廟瑚璉，階庭蘭玉，每慰人心。方期戩穀，何圖逆賊間釁，稱兵犯順，爾父竭誠，常山作郡，余時受命，亦在平（原）

颜真卿《祭侄文稿》

又架起木柴，浇上油，点起大火，说立即要把颜真卿烧死。颜真卿觉得自己作为朝廷使臣已经把大是大非表明，决定以更壮烈的举动来告示天下，就自己跳进了火中，却被叛军拉了出来。

颜真卿被李希烈关在一个庙里。他觉得自己年事已高，不久于人世，就给自己写了墓志和祭文，也向朝廷写了遗志，然后对着墙壁说："这儿就是我的葬身之地。"

但在此后，颜真卿只要看到李希烈再来动员，还是反复劝诫，阻止他继续谋反。没承想，朝廷的军队在其他地方杀了李希烈的弟弟，李希烈为了报复，就用绳子勒死了颜真卿。这时，老人已经七十六岁。他终于走完了自己的一生。

唐代是美好的，但是一切美好都会被邪恶的目光觊觎，时时面临着分割的危难。颜真卿居然以文化人的身份，每次都站在危难的最前沿，用生命来捍卫唐代。为了战胜安禄山，他付出了整个家族三十余口的生命；为了战胜李希烈，他付出了自己苍老的晚年。

唐代，就是这样保卫下来的。或者说，正因为这样，唐代才叫唐代。所以，中国人的文化骄傲，与这位文人有关。颜真卿总是在大混乱中站在最前面，然后用生命让世界安静。

其实，这也是文化的最高力量和最后力量。年轻的读者朋友们，你们也许在为自己暗暗得意，想想颜真卿，你们就不会得意了。反过来，你们也许为自己暗暗沮丧，想想颜真卿，你们就不会沮丧了。

在颜真卿壮烈牺牲二百七十年后，宋代文学家欧阳修在《新唐书》里激动地写道："呜呼，虽千五百岁，其英烈言言，如严霜烈日，可畏而仰哉。"我把它翻译成今天的文字，大体是：啊，不管是一千年，还是五百年，他的英烈行为高不可及，就像严霜烈日一样，人们除了敬畏，就是仰望。

欧阳修说得不错，颜真卿的人格高度难以重复。但是，既然出现了，也就证明，这里具有出现这种高度的充分可能。集体人格最值得重视的是两种形态：一是广泛普及型，二是高标独立型。颜真卿显然属于第二种，虽不普及，却具有标志意义。这就像我们现在常常说的"地标"，高到了难以企及，却是整片土地向外部世界呈现的标记。地标不易攀登，却是一个地域、一个时代的代表。颜真卿就是唐代文化人格的地标。当然，也是我们所有中国人的代表。

# 第十六节
## 李煜：俘虏楼里的贡献

唐代之后，有半个世纪的分裂局面，历史上称之为"五代十国"。一个"五"，一个"十"，两个数字一出来，就知道当时乱到什么程度了。幸好，时间不长。

在讲魏晋时代的时候，大家已经明白，乱世也会有大创建。但是，魏晋名士大多是远离朝廷、啸傲山林的"社会边缘人士"，他们有足够空闲的时间和心境来吟诗作文。有趣的是，在五代十国的乱世中，也出现了一个大诗人，但他不仅没有远离朝廷，而且是一个皇帝。

我想你们已经知道是谁了。对，就是李煜。

一个亡国之君，居然是文学史上的一个大诗人，这在世界上绝无仅有。

我在讲述奠基时代时，曾经分析了齐国资助的稷下学宫的一个重要方针，那就是议政而不参政。为此我举了孟子的例子，滔滔议政而不被采纳，并没有影响他在稷下学宫的威望。前面讲到的李白、杜甫、王维在一场政治危机中的狼狈相，进一步证明了文化逻辑和政治逻辑的巨大差异。

不仅如此，我还证明了，文化等级越高，这种差异就越明显。一般诗人玩玩政治可能还行，但像屈原、李白、杜甫、王维这样的顶峰诗人来到政治领域，就一点儿也玩不转了。这个规律，到了李煜，就变成了一种终极性的证明。

李煜做皇帝的糟糕程度，实在让人生气。他做的有些事情是不可容忍的，例如害死了很多直言的人。在军事上更是乱成一团，完全不知道如何去面对赵匡胤已经建立的宋朝。赵匡胤为了统一中国劝李煜归顺，并答应在汴京为他建造宫殿。李煜一会儿惊慌失措，一会儿自以为是；一会儿称臣，一会儿又自称"江南国主"，并没有北行的计划。赵匡胤发兵讨伐，李煜又两次派人到汴京，说自己没犯什么罪，请赵匡胤休兵。赵匡胤怎么能听他的？继续南下讨伐，在渡江的时候，把战船连在一起将长江贯通，但李煜身边的几个谋士说，查遍史书，没有这样打仗的先例。于是李煜也就放心了，直到被宋军包围，成为俘虏，丢尽脸面。

我们没有必要嘲笑这个可怜的亡国之君，但仔细分析，确实可以发现他身上那种烟云迷蒙的诗人心理，与金戈铁马的政治现实的重大区别。至少，有以下五条鸿沟，他跨不

李煜（出自《历代君臣图鉴》清代拓本）

过去。

第一，他的高度诗文修养，使他有一种隐隐的文化优越感，看不起一切粗鲁的人。在他心目中，夺取后周政权的赵匡胤只是一个没有太多文化素养的军人，称帝的过程也不太体面。这种"文化判断"，严重地影响了他对赵匡胤力量、智谋、宏图的认识。

第二，他的高度诗文修养，使他对国都江宁和周边地区历史文物深深迷恋，又暗暗鄙视北方的一切。这种心理加重了他试图维持分裂状态的政治倾向，因而对赵匡胤试图统一中国的正当选择产生了抵抗，违逆了历史的方向。

第三，他的高度诗文修养，使他对小智小谋的文字游戏产生了自我欣赏，例如赵匡胤要他北上共图大业，他却想出了一个"江南国主"的名号，似乎已经取消了原来的国号，却又显然以国自图，引起了赵匡胤的警惕。

第四，他的高度诗文修养，使他的"施政朋友圈"集中在文人圈子里。这些文人又以知识和文才互相欺骗，其实对军事和政治一窍不通。

第五，他的高度诗文修养，使他对生活中一些带有艺术性的细节特别敏感，例如春花秋月、宫女泪眼等等，这又严重地影响了他对大局的严峻判断。

　　我所说的这五条，反映了一种阴柔萎靡的诗化人格在铁血政治面前的必然破碎。此间责任，不完全在于李煜个人。

　　李煜投降的场面很屈辱，要裸露上身，跪下来接受宋军对国都江宁的占领，然后坐上船，在下雨天北行，到了现在河南的商丘一带，再转道汴梁，也就是现在的开封。在那里，赵匡胤举行了隆重的受降仪式。所有跟着李煜一起来投降的大臣、官员，全都穿上白衣服，慢慢地朝着受降台走去，齐齐下跪。

　　赵匡胤以非常高的姿态发表讲话。他说：我们现在终于走到了一起。宋朝在军事上是胜利者，但在文艺上还有点儿弱，李先生的诗词写得不错，需要你这样的人才来带动文化的发展。赵匡胤让李煜在文化上出点儿主意，按照我们现在的说法，让他当了挂名的"文联顾问"。

　　赵匡胤还给李煜颁下了一个封号，叫"违命侯"，因为李煜违抗过他的命令。说起来，赵匡胤也算是中国历代统治者中特别尊重文化人的一位皇帝，他也知道李煜的文化价值，但他实在太不喜欢政治上的李煜了，因此要用政治手段加以鄙视和污辱。

但是直到这个时候，在政治上已经彻底失败的李煜，仍然是雄视千年的文学家。他的有些句子，几乎所有的中国读书人都能张口就来，成了极为珍罕的中文"语典"。

例如"流水落花春去也，天上人间"、"春花秋月何时了，往事知多少"、"问君能有几多愁，恰似一江春水向东流"等。这些句子为什么有这么大的感染力？因为他善于捕捉最典型的图像，又善于运用贴切的比喻来表达一种苍凉的无奈。结果一气呵成，一字难改。

从李煜的词，我又联想到他在还没有败亡前，曾经派画家顾闳中去刺探韩熙载的生活情况，当时没有摄影设备和监控录像，顾闳中只能画了一幅《韩熙载夜宴图》呈报。这在政治上看，是一个愚蠢、可笑的举动，但不小心产生了绘画史上的千古杰作。这与李煜杰出的产生，出于同一个悖论。在九天之上，很多权势和财富的流星早已纷纷陨落，只有一种星座长久引人仰望，其中有一颗是他。

此外，从文学史的角度看，他还有一个特殊地位。在那个受尽屈辱的俘居小楼，在他时时受到死亡威胁而且确实也很快被毒死的生命余晖之中，明月夜风知道：中国文脉光顾此处。而这个亡国之帝所奠定的那种文学样式"词"，将成为俘虏他的王朝的第一文学标志。

　　"词"从唐代以来已有前期发展，但李煜以家国兴亡的大气灌注了它，推进了它，使它大步迈进了文学史。

　　人类有很多文化大事，都在俘虏营里发生。这一事实，在希腊、罗马、波斯、巴比伦、埃及的互相征战中屡屡出现。在我曾经讲述的从凉州到北魏的万里马蹄中，也被反复印证。这次，在李煜和宋词之间，又一次充分演绎。

# 第十七节
## 苏东坡：最可爱的文学家

李煜在哀伤的俘虏楼里，以杰出的吟咏滋养了宋代的第一文化标志"词"，但是我们必须赶紧说，李煜的贡献也仅止于此，不能太夸张了。因为宋代又是一个大朝代，中国文化的各个方面都会在这个朝代大放异彩。

宋代的文化成就很高，文化精英很多，而必须放到第一位来介绍的是谁？几乎没有异议，是苏轼，也就是中国人最喜欢叫的那个名字：苏东坡。

苏东坡是一位文化全才，诗、词、文、书法、音乐、佛理，都很精通，尤其是词作、散文、书法三项，皆可雄视千年。苏东坡更重要的贡献，是为中国文化史留下了一个快乐而可爱的人格形象。

回顾我们前面说过的文化巨匠，大多可敬有余，可爱不足。从屈原、司马迁到陶渊明，都是如此。他们的可敬毋庸置疑，但他们可爱吗？没有足够的资料可以证明。曹操太有威慑力，当然挨不到可爱的边儿。魏晋名士中有不少人应该

苏东坡（吴为山雕塑作品）

是可爱的，但又过于怪异、过于固执、过于孤傲，我们可以欣赏他们的背影，却很难与他们随和地交朋友。到唐代，李白的豪放、杜甫的沉郁、王维的空灵，都呈现出一种超乎寻常的高度，很难说得上可爱可亲。

谁知到宋代，出了一个那么有体温、有表情的苏东坡。他的笔下永远有一种美好的诚恳，让读到的每个人都能产生感应。他不仅可爱，而且可亲，成了人人心中的兄长、老友。这种情况，在中国文学史上几乎绝无仅有。

苏东坡以一种最真诚的人格，打通了几乎所有华人读者的集体人格。

苏东坡的可爱体现在生活上，是不摆架子，见人就熟，充满好奇，天天惊喜。再伤心的事情，难过一会儿就过去了，再不好的地方，住下一阵就适应了。而且，他完全不会掩饰真实心情，例如在海南岛流放时，天天在岸边盼望有海船过来，等着能买到他嘴馋的猪肉。

这种可爱体现在文学上，是不说空话、套话、老话、违心话，只凭着自己的直觉发掘最美的意象，只引领他人而不与他人重叠。

这些可爱如果加上学识和视野，就已经能够营造出美妙

的文学天地了。但是，如果仅止于此，还不是稀世大家。有
人问：是否还应该经历磨难？然而无数事实证明，磨难也未
必有神奇的作用。只不过，苏东坡的磨难起作用了。

　　苏东坡经历的磨难确实够多，似乎经常在流放。正是在
流放中，他这座文化山峦变成了文化巨峰。这里边一定隐藏
着产生文化巨峰的必要条件和必要程序，因此需要说得稍稍
具体一点儿，以便我们进一步认识文化的特性。

　　因对朝廷变法有所批评而产生的"乌台诗案"之后，苏
东坡被贬谪到了黄州。这里的人不认识他，他经常穿着草鞋，
坐着小舟，与樵夫、渔夫混在一起。那些喝醉酒的流浪汉，
还会对他又推又骂。对这种生活他没有抱怨，只是偶尔也会
写信给一些亲友，希望得到他们的片言只语，但是奇怪了，
"平生亲友，无一字见及"。

　　如果是在刚被审问的一百多天时间里，亲友们怕受牵
连而不闻不问，这还可以理解，现在事情已经大体过去，苏
东坡流放到黄州来虽然不能参与公务，但在名义上还有一个
"团练副使"的官职，用现在的概念相比，相当于"民兵助
理"。也就是说，亲友如果来信，已经不会有任何麻烦。但

是，苏东坡平生那么多挽臂执手、信誓旦旦的朋友，居然没有一个人送来一个字的问候。

苏东坡一度非常难过，但很快就想通了。既然他们那么狠心，那么以前的情谊就都一笔勾销吧。他说，他为这种勾销而感到幸运。对此我倒是在九百多年后对两个细节深表不平。我的不平有两点：第一点，苏东坡的书法光照千年，用这样的书法写出去的信，收信人竟然完全不理，我为书法深感不平；第二点，当时没有邮局，苏东坡从流放地托人带信出去，难度很大，十分辛苦，我为这种辛苦深感不平。

苏东坡从来是一个爱热闹、好交友的人，现在整个朋友圈崩溃得一干二净，这使他再也不必在写作时悬想某几个朋友读到后的表情了，再也不必在乎他们的喜怒哀乐了。他内心的精神价值，一下子摆脱了亲友、文友、挚友的羁绊而变得海阔天空。

除此之外，他还有另一番摆脱。他发现，自己最大的毛病是才华外露，对着内心并不清楚的政策得失总喜欢议论滔滔，而不知道这正是自己的弱项所在。由此他联想到，一棵树木常常靠着长坏了的树瘤取悦于人，一块石头也会靠着长坏了的洞隙自以为是，而他也正像这种树木和石头。他觉得，今后的自己不能再炫耀，而应该变得更平静、更厚实，把所有的精神力量集中投放在自己喜爱又擅长的文学之上。

经历了对朋友的摆脱和对政治的摆脱，苏东坡经历了一次整体意义上的生命转型，也使他的艺术才情获得了一次蒸馏和升华。他，真正地成熟了——与古往今来许多大家一样，成熟于一场灾难之后，成熟于灭寂后的再生，成熟于穷乡僻壤，成熟于几乎没有人在他身边的时刻。

幸好，他还不年老。他在黄州期间，是四十四岁至四十八岁，对一个男人来说，正是最重要的年月，今后还大有可为。在中国历史上，许多人觉悟在过于苍老的暮年，换言之，成熟在过了季节的年岁，刚要享用成熟所带来的恩惠，脚步却已踉踉跄跄蹒跚。与他们相比，苏东坡真是好命。

对此，我曾在一篇文章中写道——

成熟是一种明亮而不刺眼的光辉，一种圆润而不腻耳的音响，一种不再需要对别人察言观色的从容，一种终于停止向周围申诉求告的大气，一种不理会哄闹的微笑，一种洗刷了偏激的淡漠，一种无须声张的厚实，一种并不陡峭的高度。勃郁的豪情发过了酵，尖利的山风收住了劲，湍急的细流汇成了湖，结果——

引导千古杰作的前奏已经鸣响，一道神秘的天光射向黄州，

苏东坡《赤壁赋》（余秋雨行书，局部）

《念奴娇·赤壁怀古》和前后《赤壁赋》马上就要产生。

　　当真正的文化巨人屹然矗立的时候，周边还是一片冷漠。这对巨人无所损，但对于整个民族，却是一种道德亏欠。因为历史将证明，一个很大的时空坐标中的大量人群将会因为与巨人同代而增光添彩。

　　我并不要求普通民众能在第一时间认识巨人的高度，但总希望这个文明悠久的国度能对文化提供习惯性的帮助，哪怕搀扶一下也好。苏东坡还在狱中备受折磨的时候，有一名普通的狱卒，知道这是一位文化名人，因此在送洗脚水的时候还加了一点儿温水。我想，大家至少应该像这位狱卒，为文化加一瓢温水。

# 第十八节
# 两位文化高官

苏东坡因"乌台诗案"被贬,与朝廷中两位文化高官王安石和司马光的政争有关。因此,我们不妨顺道讲讲这两位文化高官,何况他们身上也隐藏着文化与政治之间的尴尬关系,便于我们进一步认识文化的本性。

王安石、司马光确实是高官,而且是高官中的高官,都拜过相,也就是先后担任了朝廷的行政首脑。他们担任宰相,都不是那种"太平阁老",而是观点鲜明、敢作敢为、风风火火、惊动朝野的"铁腕能臣"。

王安石、司马光在担任最高行政首脑之前,已经是顶级文化星座。王安石是顶级文学家,司马光是顶级史学家。这就是说,行政上的"最高"和文化上的"最高"合成了一体,这在中外历史上找不到先例,也找不到后续。

按照中国的科举制度,历代高官都是有资格的文化人,但他们都不是顶级文化星座。反过来,有些文化大师也会做官,但一般做不到宰相来指挥全国。这两种情况,其实都是

王安石（出自故宫南熏殿旧藏《历代圣贤名人像册》）

司马光（出自《历代君臣图鉴》清代拓本）

行政权力借用了文化，基本逻辑仍然是行政而不是文化。但是，当文化上的"最高"掌握了行政上的"最高"，情形就不同了。文化的系统性、完整性、明确性、号召性、鼓动性就会强悍地呈现出来，而一般行政运作中的协商、妥协、模糊、兼容，却大大减少。

对此，我在上一册第十八节概述宋代文化时已经约略有所提及。王安石变法，就是按照完整的文化逻辑来实施经济改革的，带有很大的理想成分。他要宋朝摆脱沉重的经费负担而求得富裕，并取得了雷厉风行的效果，国家的财政状况果然大为改观。按照现代政治学的概念，他简直就像一个"早期的社会主义者"，已经把改革推进到金融管理，并且试图以金融管理来左右行政体制。司马光则从东方哲学的保守立场认为，天下的贫富必有定数，突如其来的国富举措必然会带来实质性的贫穷，而且会伤害社会的稳定秩序，因此他主张，祖宗之法不应变更。王安石则针锋相对，认为"天变不足畏，祖宗不足法，人言不足恤"，坚定不移。在不同帝王的支持下，王安石担任宰相时，厉行变法；而司马光担任宰相时，废止新法。两人都干脆利落、文气饱满、响亮堂皇。他们具体的历史功过，还可以不断研究，但他们都在国家行政的最高层级上，吐出了一口文化豪气，而且为宋代的文化打出了两面奇特的旗帜。

王安石和司马光，虽然政见对立、各不相让，但是人们很难指出他们在个人私德上有什么明显瑕疵，或者互相之间有落井下石、互相陷害的痕迹。这就是说，他们保全了自己的文化人格，都算得上是君子。

他们两人年岁相仿。司马光比王安石大两岁，而且在王安石去世五个月后也去世。两颗文化巨星兼政治巨星几乎同时陨落的年份，是一○八六年。王安石去世时，司马光已经病重，他对王安石的去世极感悲痛，命令必须厚葬之。可以肯定，如果事情颠倒过来，王安石得到了司马光的噩耗，也一定会如此，同样极感悲痛、下令厚葬。

他们中间还夹杂着另一个人的身影，那就是已经成为我们朋友的苏东坡。

苏东坡比他们小十几岁。他是反对王安石变法的，这也成了其他一些官僚迫害他的理由，但王安石没有参与迫害，反而希望皇帝保护苏东坡。后来司马光当政时废除了王安石新法，苏东坡又当面与司马光辩论。苏东坡觉得，他们俩都有偏差，又都有长处。当然，总的说来，他的观点更靠近司马光。

　　王安石晚年，曾在自己乡居的地方与苏东坡见面。他不仅亲自骑驴到码头迎接苏东坡，而且两人还一起住了一段时间。在苏东坡眼里，这个骑驴来迎接自己的长辈是一代宰相、文坛泰斗，而在王安石眼里，这个反对过自己的中年人是旷世天才。两人一起游了南京钟山，苏东坡写了一首记游诗，王安石看了就说："我一生写诗，也写不出这么好的句子。"

　　临别，两人还相约买地毗邻而居。苏东坡又写诗了："**劝我试求三亩宅，从公已觉十年迟。**"意思是早十年能追随王安石就好了。

　　其实两人都谦虚了。就诗词整体水平而言，当然苏东坡高得多，但那天在钟山游玩时写的两句却很随意，王安石说自己终身不及就太客气了。你看王安石这两句写得多好——

　　*春风又绿江南岸，明月何时照我还？*

　　在赞扬了王安石、司马光、苏东坡等人的"君子政治"之后，我还要加上另外的评述。

　　文化上的"最高"掌握行政上的"最高"，虽然处处体现出完整的文化逻辑和君子风范，但确实还存在不少根本性弊病。

首先，这样的文化大师虽然主张明确、说一不二，但要做成事情，还必须依赖庞大的行政架构。文化大师初来乍到，怎么可能有效而准确地推动这个行政架构来贯彻自己的主张呢？几乎没有可能。因此，必然会层层递减、层层变形。苏东坡开始反对王安石变法，就是因为在基层社会目睹了"青苗法"在执行时弄虚作假、谋取私利的事实。苏东坡看到的只是一小角，在整个国家，这样的弊端必定数不胜数，因此再好的主张也会走向反面。

其次，文化大师亲自执掌行政最高权力，虽很风光，却是孤家寡人。他们以前的文友一般都没有行政能力，而原来行政架构中立即表态支持的，大多是"小人"。

这样的"小人"用起来特别顺手，因此实际操作权力大半落到了这样的人物身上。为了让主人舒心，他们执行起来一定雷厉风行、不留余地，但是如果皇帝的态度有变，最早反咬一口的也必然是他们。例如，王安石变法时最得力的助手是吕惠卿，但后来风向有变，最猛烈地攻击王安石的也是这个人。至于司马光手下，更有那个著名的奸臣蔡京，有一阵对司马光俯首帖耳，过一阵又对司马光毫不留情。

　　正因为以上这两大弊病，文化大师闯入政坛执掌最高权力，实在让人担心。这是两种不同人格诉求所产生的巨大偏差，因此必须谨慎。

# 第十九节

## 李清照：东方女性美的典范

王安石和司马光能够登上国家行政的顶端，有赖于宋代的文官体制。但是，这种文官体制难以有效地处理来自四周的军事进攻。高雅的宋朝最不愿意听到的一些词语经常传来，那就是"战败"、"被俘"、"乞降"……结果，连两个皇帝宋徽宗、宋钦宗都成了俘虏，朝廷不得不迁都临安，改为南宋，但仍然危机重重。

这些历史有太多的书籍写到，本课程就不重复了。我只想告诉大家，在一层层军事失败的愁云惨雾中，中国出现了一批极其优秀的战乱诗人。

但是，战乱诗人未必是粗粝的男子，就连最柔婉的李清照，也算得上是其中一员。因为她写出了一个典雅女子在经历家破人亡、离乱逃难时的心灵感受。

作为一个女性，李清照所遭遇的"战乱"与家庭亲情直接相连。

在王安石、司马光去世之后，北宋朝廷形成了复杂的党

李清照（出自明代佚名《千秋绝艳图》）

就是带上夫妻俩艰辛收藏的全部古董文物，跟随被金兵追赶的宋高宗赵构一起逃难。她想用这种方法说明：宋朝已经在逃难了，我还愿意带着自己的全部古董文物追随朝廷。那么，在宋朝还没有逃难的年代，我丈夫怎么会有二心？

古董文物不少，一路颠簸装卸非常艰难，可怜的李清照就天天辛苦地押运着，追赶着朝廷的背影。

宋高宗在东南沿海一带逃奔时，一度慌张地居住在海船上。可怜的李清照，也总是远远地跟随在后面。

宋高宗的这一路是狼狈的，李清照的这一路是荒诞的。她为什么会做这样的选择？我想只有一个答案：因为她是诗人，而且是单身女诗人。

终于，极其疲劳的李清照在路上遇到了一位脑子比较清楚的亲戚。亲戚力劝她立即终止这一毫无意义的颠沛流离。

这个时候，女诗人李清照已经年近五十。她想来想去，决定告别过去，开始过一种安定的生活。那就应该找一个家，正好有一个军队的财务人员一直在向自己求婚，她想那就答应了吧。

她当然知道，在当时，一个出身官宦之家的上层女子再婚，一定会受到上上下下的指责和嘲笑。但李清照决定走自己的路，表现出一种破釜沉舟般的勇敢。

如果事情仅仅到此为止，倒也罢了，但是万万没有想到，这个丈夫竟然是不良之徒。他以一个奸商的目光，看上了李清照在逃难中已经所剩无几的古董文物。所谓结婚，只是诈骗的一个手段。等到古董文物到手，他立即对李清照拳脚相加、百般虐待。

这个奸商的名字叫张汝舟。可怜到了极点的李清照，就在结婚三个月后，向官府提出上诉，要求离婚。

宋朝有一项怪异的法律，妻子上告丈夫，即使丈夫真的有罪，妻子也要被官府关押一阵。但是，李清照宁肯被关押，也要离婚。结果，离婚成功，张汝舟被问罪，李清照被关押，幸好没有被关押太久。

后来有不少学者为了保护李清照的名誉，否定李清照曾经再婚并离婚。但是，他们虽然出于好心，却很难掩盖李心传、王灼、胡仔、晁公武等人的记载，而且我们现在还能读到李清照写给亲戚的一封信，信中也提到了这件事。她在信中担心自己再婚、离婚这件事，一定难逃后世的讥笑和诽谤。

女诗人就这样悄悄地进入了晚年。

于是，我们能真正读懂她写于晚年的《声声慢》了。

寻寻觅觅，冷冷清清，凄凄惨惨戚戚。乍暖还寒时候，最难将息。三杯两盏淡酒，怎敌他晚来风急？雁过也，正伤心，却是旧时相识。　　满地黄花堆积，憔悴损，如今有谁堪摘？守着窗儿，独自怎生得黑。梧桐更兼细雨，到黄昏、点点滴滴。这次第，怎一个、愁字了得？

我把李清照的经历说得比较详细，是想借以表述两项文化特性。

第一项文化特性：一切世间谣传，看起来黑云森森，其实从文化的眼光来看都只是瞬间烟尘。因此，文化人千万不要为悠悠之口而心神不宁。

第二项文化特性：文化的最终声誉在于作品。即便是在混乱和沮丧中，也能提炼出第一流的审美范型，传之永恒。

# 第二十节
## 堂堂男子汉

如果说，李清照是战乱时代弱者的美学典型，那么陆游、辛弃疾就是战乱时代强者的美学典型。

强者的美学典型，并不一定是实际上的强者。陆游和辛弃疾没有资源、没有机会、没有身份，因此饥渴地向往着远方的沙场，动情地想象着疾驰的战马，焦急地关注着自己的鬓发，反复地擦拭着自己的眼泪。这就构成了一种如醉如梦的精神欲望，吸引了天下一切近似的心理流向，终于变成了美学典型。强者的美学典型比实际上的强者更有号召力，更有感应面，更有造型美。

我在十几岁时就深深地迷上了陆游、辛弃疾的铿锵诗句，而那时，我还不熟悉宋代的历史，而自己身边又没有战争。有一次去新疆，遇到了后来成为好朋友的散文家周涛，他从我的文章中已经判定我的美学迷恋，所以一见面就说："别给我提辛弃疾，一提我就脸红心跳。"原来他也与我一样。

可见，一种真正美学典型的出现，与当时产生的历史环境已经脱离，变成了一种超越时空的心理笼罩，俘获着一批批有相同心理结构的人。

因此，我一直控制着自己，少说陆游和辛弃疾。今天，我各选一首，来带入气氛。

陆游的是这一首：

当年万里觅封侯，匹马戍梁州。关河梦断何处，尘暗旧貂裘。　胡未灭，鬓先秋，泪空流。此生谁料，心在天山，身老沧洲！

辛弃疾的是这一首：

醉里挑灯看剑，梦回吹角连营。八百里分麾下炙，五十弦翻塞外声，沙场秋点兵。　马作的卢飞快，弓如霹雳弦惊。了却君王天下事，赢得生前身后名，可怜白发生！

陆游和辛弃疾所提供的，是一种超越时空的男子汉风范。

男子汉风范有两种：一种以盛唐为标志，背景是明丽的塞外长空；一种以陆游、辛弃疾为标志，背景是阴郁的悲风战云。都很豪迈，但前一种意气飞扬，后一种凝重苍凉。

又守了近三十年。在这期间，蒙古大汗蒙哥，死在钓鱼城下，蒙古帝国产生了由谁继位的问题，致使当时正在欧洲前线的蒙古军队万里回撤。从此蒙古帝国分化，军事方略改变，世界大势也因此而走向了另一条路。因此有人说："**钓鱼城独钓中原，四十年改变天下。**"

一座孤城终于失去了继续固守的军事意义，最后一位主帅王立面临艰难抉择：如果元军破城，城中十几万百姓可能遭到屠杀，而如果主动开门，就可以避免这个结果。在个人名节和十几万生灵的天平上，王立选择了后者。元军也遵守承诺，没有屠城。当然，南宋流亡小朝廷也随之覆灭了。

但是，就在这时，又站出来一位乱世诗人，他就是文天祥。

文天祥是宋代文化的终结者。他是状元、学者、宰相，以誓死不屈的实际行动，展示了宋代文化的人格力量。

元朝统治者忽必烈对他十分敬佩，通过各种途径一再请他出任宰相，并答应元朝以儒学治国。但是，文天祥要捍卫的已经不仅仅是儒学，而是文化人格。

由于文天祥被关押在大都监狱中坚贞不屈，民间就有人试图劫狱起义，这对刚刚建立的元朝构成了威胁，忽必烈亲自出面劝降文天祥不成，只得一再长叹："好男儿，不为我用，杀之太可惜！"文天祥刚就义，忽必烈又下达诏书阻止杀戮，却已经晚了一步。文天祥的遗书表明，他是在实践儒家"成仁"、"取义"的教言，因此，他的死亡是一个文化行为。

他的文化行为，还有一系列宏大的笔墨可以验证。他记述灾难的诗集《指南录》，被后人评为"一代史诗"；他更在狱中写了气势不凡的长诗《正气歌》，在中国代代传诵，成为一部精神教科书。《正气歌》以最明确的语言表述了"文化人格"与"天地元气"之间的密切关系，为中国文化重新注入了强大的魂魄。

一个国家的行政首脑，在主动走向死亡前，居然在监狱里写出了一部诗化的中国精神教科书，这在全世界都没有先例。中国文化在这种悲壮的历史关口，显得特别强大。

因此，我建议各位都要再读一遍《正气歌》。《正气歌》太长，这里就不引述了，但必须再读一遍他的那首《过零丁洋》，作为对宋代文化的归结。

辛苦遭逢起一经，干戈寥落四周星。山河破碎风飘絮，身世浮沉雨打萍。惶恐滩头说惶恐，零丁洋里叹零丁。人生自古谁无死，留取丹心照汗青。

# 第二十一节
## 关汉卿：顽泼的戏剧大师

陆游、辛弃疾、文天祥他们都认为，中国文化将会随着大宋灭亡而断绝，蒙古马队的铁骑是文化覆灭的丧葬鼓点。但是，实际情况并非如此。

元代的诗歌、散文，确实不值一提。但是，中国文化几千年的一个重大缺漏，在元代这个不到百年的短暂朝代获得了完满弥补。这个被弥补的重大缺漏，就是戏剧。

中国文化为什么会长期缺漏戏剧，又为什么会在元代补上，这些问题我在上一册第十九节《迟到的原因》中已经讲过，这里要介绍的，是完成这一弥补工程的一批文化天才，尤其是他们的代表者关汉卿。

这些文化天才经历了宋元之际的生死变革，文化人格受到巨大冲击。终于，他们在冲击中站立起来，以全新的方式投入了文化创造。

他们当然憎恨那些破坏文明的暴力，但是被破坏的文明为什么如此不堪一击呢？他们不能不对原先自称文明的架构提出怀疑，并且快速寻找到了那些以虚假的套路剥夺健康生命力的负面传统。因此，在艰难的生存境遇中，他们首先要做的事情是撕破虚假，呼唤健康，哪怕做得有点儿鲁莽、有点儿变形也在所不惜。

简单来说，他们走向了顽泼，成了顽泼的君子。

顽泼的君子还是君子，因为他们心存大道。如果没有心存大道，顽泼就会滑到无赖。其实元代社会处处无赖猖獗，因此即便是"顽泼君子"也是少数，而且是英勇的少数。

正是这个少数，扶住了中国文化的基脉。

我要引一段自述，来说明何谓"顽泼的君子"。自述者就是关汉卿，元代戏剧艺术的领军人物。

我是个普天下郎君领袖，盖世界浪子班头。愿朱颜不改常依旧，花中消遣，酒内忘忧。……

我是个蒸不烂、煮不熟、捶不匾、炒不爆、响珰珰一粒铜豌豆。恁子弟每谁教你钻入他锄不断、斫不下、解不开、顿不脱、慢腾腾千层锦套头。我玩的是梁园月，饮的是东京酒，赏的是洛阳花，攀的是章台柳。我也会围棋、会蹴鞠、会打围、会插科、会歌舞、会吹弹、会咽作、会吟诗、会双陆。你便是落了我牙、歪了我嘴、瘸了我腿、折了我手，天赐与我这几般儿歹症候，尚兀自不肯休。则除是阎王亲自唤，神鬼自来勾，三魂归地府，七魄丧冥幽。天哪，那其间才不向烟花路儿上走！

　　也就是说，整个美好的世界、全部娱乐的技能、所有艺术的门类，自己都能随脚进入，不想离开。如果要用刻板的教条来衡量、来训斥、来惩罚、来折磨，那就全然拒绝、永不回头。而且宣布，面对种种迫害，自己就像一粒能让迫害者沮丧的"铜豌豆"。

　　这是一个强悍的生态告示，把那些陈腐理念所要责骂的话，自己全先骂了，而且立即由反转正，成了自己的生活主张。由于那些陈腐理念根深蒂固又铺天盖地，他必须以强烈反抗的方式，把话说得夸张、说得决绝、说得不留余地、说得无可妥协。

　　这副劲头，我们后来在二十世纪欧洲现代派艺术浪子身上见到过，同样落拓不羁，同样口无遮拦，而背后蕴藏的，总是惊世才华、一代新作。

　　为此，我在担任上海戏剧学院院长期间，只要知道有的学生由于顽泼行为而面临处分，总是出面予以保护。因为我当时已经完成《中国戏剧史》的写作，熟悉关汉卿这样的人物。那些学生很可能没有出息，但我要守护某种依稀的可能性。

我发现，像关汉卿这样的艺术家一顽泼，对于社会恶势力，也就从针锋相对的敌视，转向居高临下的蔑视。

顽泼的君子，已经不会从政治上寻找对手。如果把对方看成是政治上的对手，那就看高了他们。即便他们是高官和政客，也只看成是痞子和无赖。以顽泼浪子身份来面对痞子和无赖，他觉得才门当户对，针尖麦芒，接得上手。低层就低层，混斗就混斗，我们就是要在低层混斗中，把那样的恶人制服。

如果是正经君子，总会寻找高层对手，用知性话语来抨击对方的政治图谋。我想，如果陆游、辛弃疾、文天祥能活到元代，就会这么做。在关汉卿身边的同行里，也不失这样的正经君子。例如，马致远故意把剧名定为《汉宫秋》，并在剧中反复强调一个"汉"字，这在汉人被奴役的时代，显然是一种高雅的"词语风骨"。纪君祥把剧名定为《赵氏孤儿》，让人直接联想到刚刚灭亡的宋代皇姓就是"赵"，因此大家都称得上是"赵氏孤儿"。

这儿有一种勇敢的"密码潜藏"，让人佩服。但在关汉卿争，司马光被划入了所谓"元祐党人"，被新的朝廷所否定，而李清照的父亲李格非，也被指有牵连，罢职流放。这事本来已很悲哀，更悲哀的是，处理这个案件的恰恰是李清照新婚丈夫赵明诚的父亲赵挺之。

李清照曾写信给自己的公公赵挺之，希望他能顾及儿子、儿媳、亲家的脸面。但是没有想到，公公赵挺之后来也受到了朝廷的打击。

李清照和丈夫赵明诚面对父辈的名誉重压，百口莫辩，只能回到故乡青州居住，过了十多年安静而又风雅的生活。赵明诚是一个远近闻名的鉴赏家，但身体不好，不久又得了重病。在重病期间，曾有北方一位探望者带着一把石壶请他鉴定。不久，赵明诚不幸去世。很快就有谣言传来，说他直到临死还将一把玉壶托人献给了金国。

当时，宋、金之间正在激烈交战，这个谣言触及了中国文化人最喜欢挂在嘴上的所谓气节问题，这使李清照坐不住了。诬陷自己倒也罢了，居然诬陷到了刚刚去世的丈夫头上，这怎么能容忍？

李清照决心要为亡夫洗刷污名。

想来想去，最诚实的女诗人想了一个最笨拙的办法，那比较起来，对中国历史而言，前一种是罕例，后一种是常例。因为是常例，也就更深地植入了中国人的集体人格。

在失败主义的气氛下，好像中国人已习惯于逆来顺受。但是，我们从李清照、陆游、辛弃疾笔下知道，事实并非如此。就连弱者美学典型李清照，也发出过"生当作人杰，死亦为鬼雄"这样英雄主义的心声。

这也是中国文化在宋代发出的重要信号。

根据现在的历史视野，当时的多数战争都发生在中华大家庭之内，各方都有自己的理由，很难判定绝对的是非。但是，就中国文化承袭的主体宋朝而言，却在战乱中淬砺了英雄主义的文化精神。

我特别想从国际眼光说一件事：已经征服了亚洲、欧洲的成吉思汗蒙古骑兵，世界上谁也抵抗不了，却在宋朝遇到了有效抵抗。那就是重庆合川钓鱼城，居然抵抗了蒙古军接近四十年，这实在是世界奇迹了。

钓鱼城保卫战为什么会坚持那么久？历史会记住我们余家的一位将军，叫余玠。他针对蒙古骑兵的弱点，制定了一系列重要方针，苦守了十年后被朝中恶人所害，继任的守将看来，暴虐的统治者既看不懂也不在乎这些文字游戏，如果只是以典雅的方式让自己解气，范围就太小了。因此，他寻找从整体上揭露痞子和无赖的方式。

他的《窦娥冤》，为什么能够"感天动地"？因为窦娥是民间底层一个只知平静度日的弱女子，没有任何理由遭到迫害，但迫害还是毫无逻辑、毫无缘由地来了，而且来得那么环环相扣、严丝密缝、昏天黑地。原因是，她生活在一个无赖的世界，上上下下全是无赖。

如果是政见之恶，总会有一点点矜持和掩饰。但是，无赖没有这一切，没有矜持，没有掩饰。这就是窦娥们所遭遇的"无逻辑恐怖"。

你看那对张家父子，居然要以"父子对"强娶"婆媳对"，又嫁祸于人；那个赛卢医，号称做过太医，不知医死了多少人却没有一天关门；那个审案的太守，把原告、被告都当"衣食父母"，一见就跪拜……总之，一切都在荒谬绝伦中进行。结果，面对死刑的窦娥居然连一个"加害者"都找不到，她只能责问天地了：**地也，你不分好歹何为地？天也，你错勘贤愚枉做天！**

对于世间这么多无赖，关汉卿除了愤怒责问，觉得还应该用聪明的方法来处理一下。 想象出一个包公来解气当然也可以，但关汉卿更主张用民间女性的慧黠来狠狠作弄，让那些无赖逐一出丑。 于是，我们看到了《望江亭》和《救风尘》。

这两个戏都是由绝色美女向权贵无赖设套，其间的情节、语言都让观众畅怀大笑，笑美女的聪慧，笑无赖的愚蠢。 在观众的笑声中，关汉卿完成了对无赖世界的局部战胜。

靠着美女战胜，甚至靠着妓女战胜，靠着计谋、色相、调情、诱惑、欺诈、骗取、逃遁来战胜——这样的手段还合乎"君子之道"吗？ 在关汉卿看来，以正义的目的而采用非君子的手段来制服邪恶，正符合"君子之道"的本原价值。 如果不符合，那么，要修改的应该是"君子之道"了。

用非君子的手段来制服邪恶，让剧场里的大量君子在欢笑中产生信心，这有什么不好？

这又牵涉到喜剧与悲剧的区别了。 悲剧的灵魂是责问，喜剧的灵魂是笑声。 这么黑暗的世道还笑得出来？ 对，这就是艺术的力量，高于世道、俯视世道、调戏世道，在精神上收拾世道。

关汉卿是一个完整意义上的戏剧家，大悲大喜都出自他的手笔。 然而，在中国文化人格的推进上，我更看重他以顽泼的心态营造喜剧的那一面。

# 第二十二节
## 黄公望：绘画艺术的里程碑

元代，不仅对戏剧具有里程碑意义，而且对绘画的意义也非常巨大。

我们不做理论概括，只想举出那幅在中国美术史上地位特殊的《富春山居图》来约略说明。

一六五〇年，江苏宜兴的一所吴姓大宅里发生了一次"焚画事件"。一位临死的老人太喜欢他所藏的《富春山居图》了，居然想以焚烧的方式让它伴随自己升天。幸好一个后辈从火堆里抢了出来，但是画已被烧成了两半。这两半，现在分别被收藏在台北和杭州。这幅画，创作于元代，作者是黄公望。

黄公望是一个籍贯不清、姓氏不明、职场平庸，又因为受人牵连而入狱多年的人。出狱之后，他也没有找到像样的职业，卖卜为生，过着草野平民的日子。中国传统文化界对于一个艺术家的习惯描述，例如"家学渊源"、"少年得志"、"风华惊世"、"仕途受嫉"、"时来运转"之类，与他基本

黄公望《富春山居图》（局部）

无关。

有人曾经这样描述黄公望：

身有百世之忧，家无担石之乐。盖其侠似燕赵剑客，其达似晋宋酒徒。至于风雨塞门、呻吟槃礴、欲援笔而著书，又将为齐鲁之学，此岂寻常画史也哉。（戴表元《黄公望像赞》）

忧思、侠气、博学、贫困、好酒。在当时能看到他的人们眼中，这个贫困的酒徒似乎还有点儿精神病。

有人说他喜欢整天坐在荒山乱石的树竹丛中，那意态，像是刚来或即走，但他明明安坐着，真不知道他要干什么。有时，他又会到海边看狂浪，即使风雨大作，浑身湿透，也毫不在乎。

我想，只有真正懂艺术的人才知道他要干什么。很可惜，他身边缺少这样的人。

晚年他回到老家常熟住，被乡亲们记住了他奇怪的生活方式。例如，他每天要打一瓦瓶酒，仰卧在湖边石梁上，看着对面的青山一口口喝。喝完，就把瓦瓶丢在一边。时间一长，日积月累，堆起高高一坨。

更有趣的情景是，每当月夜，他会乘一艘小船从西城门出发，顺着山麓来到湖边。他的小船后面，系着一根绳子，绳子上挂着一个酒瓶，拖在水里跟着船走。走了一大圈，到了"齐女墓"附近，他想喝酒了，便牵绳取瓶。没想到绳子已断，酒瓶已失，他就拍手大笑。周围的乡亲不知这月夜山麓何来这么响亮的笑声，都以为是神仙降临。

为什么要把酒瓶拖在船后面的水里？是为了冷却，还是为了在运动状态中提升酒的口味，就像西方调酒师甩弄酒瓶那样？夜、月、船、水、酒、笑，一切都发生在"齐女墓"附近。这又是一座什么样的坟茔？齐女是谁？现在还有遗迹吗？

黄公望就这样活了很久。他是八十五岁去世的，据记述，在去世前他看上去还很年轻。对于他的死，有一种很神奇的传说。李日华《紫桃轩杂缀》有记：

> 一日于武林虎跑，方同数客立石上，忽四山云雾，拥溢郁勃，片时竟不见子久，以为仙去。

这里所说的"子久"就是黄公望。难道他就是这样结束生命的？但我想也有可能，老人想与客人开一个玩笑，借着浓雾离开了。他到底是怎么离世的，大家其实并不知道。

黄公望不必让大家知道他是怎么离世的，因为他已经把自己转换成了一种强大的生命形式——《富春山居图》。

其实，当我们了解了他的大致生平，也就更能读懂这幅画了。

人间的一切都洗净了，只剩下了自然山水。对于自然山水的险峻、奇峭、繁叠也都洗净了，只剩下平顺、寻常、简洁。但是，对于这么干净的自然山水，他也不尚写实，而是开掘笔墨本身的独立功能，也就是收纳和消解了各种模拟物象的具体手法，如皴、擦、点、染，只让笔墨自足自为、无所不能。

正是在黄公望手上，山水画成了文人画的代表，并引领了文人画，结果又引领了整个画坛。

没有任何要成为里程碑的企图，却真正成了里程碑。

不是出现在"文化盛世"，而是出现在元代——短暂的元代，铁蹄声声的元代，脱离了中国主流文化规范的元代。这正像中国传统戏剧的最高峰元杂剧，也出现在那个时代；被视为古代工艺文物珍宝的青花瓷，还是出现在那个时代。

相比之下，"文化盛世"往往反倒缺少文化里程碑，这是"文化盛世"的悲哀。

里程碑自己也有悲哀。那就是在它之后的"里程"，很可能是一种倒退。例如，以黄公望为代表的"元人意气"，延续最好的莫过于明代的"吴门画派"，但仔细一看，虽然回荡着书卷气，但里面的气质却变了。简单来说，元人重"骨气"，而吴门重"才气"，低了好几个等级。

又如，清代"四僧"画家对于黄公望和吴门画派的传统也有继承，在绘画史上达到了很高的水准。他们很懂黄公望，但在精神的独立、人格的自由上，离黄公望还有一段距离。

再如，"四僧"的杰出代表者八大山人朱耷，就多多少少误读了黄公望。他把黄公望看作了自己，以为在山水画中也寄托着遗世之怨、亡国之恨，因此他说《富春山居图》中的山水全是"宋朝山水"。显然，黄公望并没有这种政治意识。政治意识对艺术来说，是一种"似高实低"的东西，朱耷看低了黄公望。

由此可知，即便在后代相同派别的杰出画家中，黄公望也是孤立的。孤立地标志在历史上，那就是里程碑。

# 第二十三节
# 王阳明：新一代君子代表

明清两代五百四十余年，由于朝廷的文化专制主义，中国文化严重衰退。

这五百多年，如果想要找出能够与屈原、司马迁、陶渊明、李白、杜甫、苏东坡、关汉卿并肩站立的文化巨人，那么，答案只有两人，一是明代的哲学家王阳明，二是清代的小说家曹雪芹。

王阳明展示了一种强大的生命结构，让人们看到了新一代君子的精彩状态。

王阳明的影响力之大，令人吃惊。很多与文化并不亲近的政治人物，也对他十分崇拜。近年来对他的纪念，更是越来越隆重。这，究竟是什么原因？

当然，他是明代一位杰出的哲学家，但中国绝大多数民众历来对哲学家兴趣不大。事实上，除他之外也没有另外一位哲学家享此殊荣，包括远比他更经典、更重要的老子在内。很多朋友出于对他的这种巨大影响力的好奇，去钻研他的著作和一部部中国哲学史，却仍然没有找到答案。

在哲学史上，他并不是横空出世。他的一些哲学观念，例如"心学"的思维逻辑，比他早三百多年的陆九渊也曾有过深刻的论述。在宋明理学的整体流域中，还有周敦颐、张载、程颢、程颐、朱熹、薛瑄、胡居仁、陈献章等一座座航标。总之，如果纯粹以哲学家的方位来衡量王阳明，他就不会像现在这样出名。

因此，王阳明产生的影响，一定还有超越哲学史的原因。有些历史学家认为，他善于打仗，江西平叛，却又频遭冤屈，这个经历提高了他的知名度。当然，这一些都很重要，也很不容易。但细算起来，他打的仗并不太大，他受的冤屈也不算太重。

我认为，王阳明的最大魅力，是把自己的哲思，变成了一个生命宣言。这个生命宣言的主旨是，做一个有良知的行动者。

一般说来，多数君子并不是行动者，多数行动者不在乎良知。这两种偏侧，中国人早已看惯，却又无可奈何。突然有人断言，一个人的生命可以克服这两种偏侧，达到两相完满，这就不能不让大家精神一振了。

王阳明（吴为山雕塑作品）

而且，他自己恰恰是一个重量级的学者兼重量级的将军，使这种断言具有了"现身说法"的雄辩之力，变成了人生宣言。

王阳明的人生宣言，一共只有三条。

第一条："心即是理"。

不管哲学研究者们怎么分析，我们从人生宣言的层面，对这四个字应该有更广泛的理解。

在王阳明看来，天下一切大道理，只有经过我们的心，发自我们的心，依凭我们的心，才站得住。无法由人心来感受、来意会、来接受的"理"，都不是真正的理，不应该存在。因此王阳明说，"心外无理"，"心即是理"。

这一来，一切传统的、刻板的、空泛的、强加的大道理都失去了权威地位，它们之中若有一些片段想存活，那就必须经过心的测验和认领。

王阳明并不反对理，相信人类社会需要普遍的道德法则，但是他又明白，这种普遍的道德法则太容易被权势者歪曲、改写、裁切了。即使保持了一些经典话语，也容易僵化、衰老、朽残。因此，他把道德法则引向内心，成为内在法则，让心尺来衡量，让心筛来过滤，让心防来剔除，让心泉来灌溉。对理是这样，对事也是这样。

他所说的"心"，既是个人之心，也是众人之心。他认为由天下之心所捧持的理，才是天理。

有人一定会说，把一切归于一心，是不是把世界缩小了？其实，这恰恰是把人心大大开拓了。把天理大道、万事万物都装进心里，这就出现了一个无所不能、无远弗届的圣人心襟。

试想，如果理在心外，人们要逐一领教物理、地理、生理、兵理、文理，在短短一生中，那又怎么轮得过来？怎么能成为王阳明这样没有进过任何专业学校却能事事精通的全才？

在江西平叛时，那么多军情、地形、火器、补给、车马、船载等专业需求日夜涌来，而兵法、韬略、舆情、朝规、军令又必须时时取用，他只有把内心当作一个无限量的仓库，才能应付裕如。查什么书、问什么人，都来不及，也没有用，唯一的办法，是从心里找活路。

于是，像奇迹一般，百理皆通，全盘皆活。百理在何处相通？在心间。由此可见，"心即是理"，是一个极为重要的人生宣言。依凭着这样的人生宣言，我们看到，一批批"有心人"离开了空洞的教条，去从事一些让自己和他人都能"入心"的事情。这就是王阳明所要求的君子。

第二条："**致良知**"。

心，为什么能够成为百理万事的出发点？因为它埋藏着良知。良知，是人之为人、与生俱来的道德意识。良知主要表现为一种直觉的是非判断，以及由此产生的好恶之心。王阳明所说的良知很大，没有时空限制。他说：

自圣人以至凡人，自一人之心以达四海之远，自千古之前以至于万代之后，无有不同。是良知也者，是所谓天下之大本也。（《书朱守谐卷》）

把超越时空、超越不同人群的道德原则，看成是"天下之大本"，这很符合康德和世界上很多高层思想家的论断。所不同的是，"良知"的学说包含着"与生俱来"的性质，因此也是对人性的最高肯定。

良知藏在心底，"天下之大本"藏在心底，而且藏在一切人的心底，藏在"自圣人以至凡人"的心底。这种思维高度，让我们产生三种乐观：一是对人类整体的乐观，二是对道德原则的乐观，三是对个人心力的乐观。

把这三种乐观连在一起，也就能够以个人之心来普及天下良知了。

把"致良知"作为目标的君子，自觉地担负着把内心的良知扩充为"天下之大本"的责任，因此一定不会遇到困难就怨天尤人，而只会觉得自己致良知的功夫尚未抵达。这样，他一定是一个为善良而负责的人。

在这个问题上，王阳明曾经在天泉桥上概括了四句话：**无善无恶心之体，有善有恶意之动。知善知恶是良知，为善去恶是格物。**

从浑然无染的本体出发，进入"有善有恶"、"知善知恶"的人生，然后就要凭着良知来规范事物（格物）了，这就必须让自己成为一个行动者。于是有了人生宣言的第三条。

第三条：**"知行合一"。**

与一般君子不同，王阳明完全不讨论"知"和"行"谁先谁后、谁重谁轻、谁主谁次、谁本谁末的问题，而只是一个劲儿呼吁：行动，行动，行动！

他认为，"知"和"行"并不存在彼此独立的关系，而是两者本为一体，不可割裂。他说，"*知是行之始，行是知之成*"，"*未有知而不能行者，知而不行只是未知*"。

我们在日常工作中总能听到这样的话："我知道事情该那样办，但是行不通。"王阳明说，既然行不通，就证明你不知道事情该怎么办。因此，在王阳明那儿，能不能行得通，是判断"知否"的基本标准。他本人在似乎完全办不到的情况下办成了那么多事，就是不受预定的"知"所束缚，只把眼睛盯住"行"的前沿、"行"的状态。他认为，"行"是唯一的发言者。

王阳明不仅没有给那些不准备付之于行的"知"留出空间，也没有给那些在"行"之前过于得意的"知"让出地位。这让我们颇感痛快，因为平日见到的那种大言不惭的策划、顾问、研讨、方案实在太多，见到的那种慷慨激昂的会议、报告、演讲、文件更是多得难以计算。有的官员也在批评"文山会海"、"空谈误国"，但批评仍然是以会议的方式进行的，会议中讨论空谈之过，使空谈又增加了一成。

其实大家也在心中暗想：既然你们"知"之甚多，为何不能"行"之一二？王阳明让大家明白，他们无行，只因为他们无知；他们未行，只因为他们未知。

一定有人怀疑：重在行动，那么有谁指引？前面说了，由内心指引，由良知指引。这内心，足以包罗世界；这良知，足以接通天下。因此，完全可以放手行动，不必有丝毫犹豫。

说了这三点，我们是否已经大致了解一个有良知的行动者的生命宣言？

与一般的哲学观点不同，这三点，都有一个明确的主体：我的内心、我的良知、我的行动。这个稳定的主体，就组合成了一个中心课题：我该如何度过人生？王阳明既提出了问题，又提供了答案，不能不让人心动。

因此，王阳明的影响力，还会长久延续。

虽然意蕴丰厚，但王阳明词句却是那么简洁："心即是理"、"致良知"、"知行合一"，一共才十一个汉字。

这实在是君子之道的新形态、新境界。

# 第二十四节
# 黄昏时分三剑客

明清之际，虽然破败的情景触目皆是，但还有一些思想家在履行着自己的精神使命。他们忧郁而深刻，勇敢而尖锐，在失重的时代加重了时代的分量。现在，我要郑重向大家介绍三个非常了不起的文化人格典型，那就是黄宗羲、顾炎武和王夫之。社会上对他们还有一些习惯称呼，黄宗羲又叫黄梨洲，顾炎武又叫顾亭林，王夫之又叫王船山。

他们有几个共同特征。

第一，他们都对中国历史做出了特别深刻的反思；

第二，他们都在改朝换代之际亲自参与了实际战斗；

第三，他们都是博通古今的大学者，成为后世学术的开启者；

第四，他们"读万卷书，行万里路"，长期奔波在山川大地之间。

这四个特征，拥有其中一项就极不容易，要四项具备，那实在是凤毛麟角了。但是，在中国的十七世纪，居然同时出现了三位，这实在令人叹为观止。

更特别的是，他们彼此的年龄十分接近，相差不超过十岁。

相同的年龄使他们遇到了相同的历史悖论。大明王朝已经气息奄奄，而造成这个结果的祸根，却远远超越一个朝代。因此，几乎同时，他们拔出了佩在腰间的精神长剑。

这实在是出现在中国文化黄昏地平线上的"三剑客"，斗篷飘飘，很有魅力。

先说黄宗羲，因为他稍稍年长一点儿，比顾炎武大三岁，比王夫之大九岁。

黄宗羲不到二十岁就已经名震朝野，不是因为科举诗文，而是因为他在北京公堂上的一个暴力复仇行动。

原来，在黄宗羲十七岁那年，他父亲黄尊素被朝廷中的魏忠贤党羽所害，死得很惨，他祖父就在他经常出入的地方贴了字句，要他不要忘了勾践，提醒他不能忘了复仇。第二年，冤案平反，奸党受审，黄宗羲来到刑部的会审现场，拿出藏在身上的锥子，向着罪大恶极的官吏许显纯、崔应元等猛刺，血流满地。这个情景把在场的审判官员都吓坏了，但他们并没有立即阻止，可见那些被刺的官吏实在是朝野共愤。而那个首先被刺的许显纯，还是万历皇后的外甥。当堂行刺之后，黄宗羲连那些直接对父亲施虐的狱卒也没有放过。做完这些事情，他又召集其他当年屈死忠魂的子女，举行祭奠父辈的仪式。凄厉的哭声传入宫廷，把皇帝都感动了。

据历史记载，这件事情之后，"姚江黄孝子之名震天下"。为什么说是"姚江黄孝子"呢？因为，他与王阳明先生一样，都是我的同乡余姚人。

家乡的地理位置，证明他是一个典型的"江南文人"。但是，他在北京朝堂之上的举动，太不符合人们对"江南文人"的印象了，似乎应该是"燕赵猛士"、"关西大汉"、"齐鲁英豪"所做的事。

黄宗羲并没有停留在为父报仇的义举上，后来还亲身参加过反清战斗。面对浩荡南下的清军，他曾与两个弟弟一起，毁弃家产，集合了家乡子弟六百余人组成义军，与其他反清武装一起战斗，黄宗羲还指挥过"火攻营"。兵败后率残部五百余人进入四明山，后又失败，遭到通缉。直到南明政权覆亡，黄宗羲才转向著作和讲学。

黄宗羲的讲学活动，从五十四岁一直延续到七十岁，创建了赫赫有名的浙东学派。他一反学术文化界流行的空谈学风，主张"经世致用"，培养出了一大批在经学、史学、文学，以及天文、地理、六书、九章等领域的大学者。我曾在《姚江文化史》的序言中写道，从王阳明到黄宗羲，再到黄宗羲的学生万斯同、全祖望、邵晋涵、章学诚等一代大师，当时小小姚江所承载的文化浓度，一时几乎超过了黄河、长江。

他的学说，严厉批判君主专制体制是天下唯一之大害，主张以"天下之法"来代替。为了证明自己的观点，他还重新梳理了宋、元、明三代的思想文化流脉，学术精深，气魄宏伟。在七十岁之后，他停止讲学，专门著书立说。结果，他毕生的著作可谓经天纬地。例如大家都知道的《明夷待访录》、《明儒学案》、《宋元学案》、《明文案》、《南雷文案》、《今水经》、《勾股图说》、《测圆要义》等等。后面三种，已属于自然科学著作。总计起来，他的著述多达两千万字。如果用当时木刻版的线装本一函一函地叠放在一起，简直是一个庞大的著作林。很难想象，这是由一个单独的生命完成的。

这么一位大学者，引起了康熙皇帝的重视。康熙皇帝当然知道他曾经组织武装反清，还遭到通缉，但康熙皇帝毕竟是康熙皇帝，只看重他作为大学者的身份，以及他背后的汉文化，完全不在乎他与朝廷武装对立的往事。康熙皇帝搜集黄宗羲的著作，读得很认真。

　　黄宗羲作为中国文化的顶级代表，一直活到八十五岁高龄。这在当时，算是罕见的长寿了。就在临死前四天，他给自己的孙女婿写了一段告别人世、迎接死亡的话，很有趣味。我发现别的书里很少提及，就把它翻译成现代白话。黄宗羲说——

　　　　总之，可以死了。
　　　　第一，年龄到了，可以死了；
　　　　第二，回顾一生，说不上什么大善，却也没有劣迹，因此，可以死了；
　　　　第三，面对前辈，当然还可以做点儿什么，却也没有任何抱歉，因此，可以死了；
　　　　第四，一生著作，虽然不一定每本都会流传，却也不在任何古代名家之下，因此，可以死了。

　　有了这四个"可以死了"的理由，死，也就不苦了。
　　他说自己一生的著作不在任何古代名家之下，好像口气有点儿大，但仔细一想，并不错。历史上，有哪一位古代学者，既拥有如此浩大的著作量，又全都达到高峰的呢？可以一比的，是两位"司马"，也就是司马迁和司马光，但是，黄宗羲对历史的横向断代分析和纵向专题分析，都超越了他们。更何况，他看到的历史更长，又有两位"司马"未曾经历的时代变迁所带来的一系列重大思考。

黄宗羲在临终前悄悄告诉孙辈的这段话，在我看来就像一座寂寞的孤峰向身边的一朵白云轻声笑了一下。他自信，山坡可以更换季节，但高度不会失去。

"三剑客"的第二名顾炎武，是江苏昆山人。昆山本来有一个亭林湖，所以大家都尊称他为亭林先生。现在昆山有一个亭林公园，那就完全是纪念他的了。他具体的家乡，在昆山一个叫"千灯"的地方。千灯，似乎是在一片黑夜中的遍地星斗，这是多么有诗意的地名。那里有他的故居和坟墓，大家旅行时如果到了昆山、苏州、周庄，可以弯过去看一看。

顾炎武对黄宗羲评价很高，他在读完黄宗羲的《明夷待访录》后曾写信给黄宗羲，说您的书我读之再三，才知道天下并非无人，才知道中国可以在历朝的阴影中复兴。顾炎武又告诉黄宗羲，自己著了《日知录》一书，其中观点，与他

顾炎武（昆山亭林公园顾炎武塑像）

不谋而合的至少有六七成。

顾炎武虽然高度评价了黄宗羲，但在我看来，他有三方面超越了黄宗羲。

第一方面，他在信中提到的《日知录》，在中国知识界影响极大。书中所说的几个字"**天下兴亡，匹夫有责**"，在中国的文化界人人皆知，并在民间广泛传扬，简直可以与孔子、孟子的格言等量齐观。相比之下，包括黄宗羲在内的其他学者，都没有留下这种感染全社会、激励普天下的格言、警句。

第二方面，他在《日知录》、《天下郡国利病书》、《肇域志》、《音学五书》、《韵补正》等著作中，对历史、典制、政治、哲学、文学、天文、地理、经济、军事等各方面的创见，全都言必有据、疏通源流、朴实无华，成为后来乾嘉学者建立考据学的源头。乾嘉考据学也就是"朴学"，对中国历史文化进行了一次大规模的清理、纠错、疏通，功劳很大，而顾炎武应荣居首位，理所当然地受到后代一批批饱学之士的虔诚敬仰。

第三方面，他的路，比黄宗羲走得更远。他化了名，带着两匹马、两匹骡，驮着一些书籍，走遍了山东、河北、山西、陕西、甘肃等地。一边寻找自己未读之书，一边考察山川地理、风土人情，尤其是考察了山海关、居庸关、古北口、昌黎、蓟州等战略要地，询问退休的老兵，探索宋代以来的兵阵结构以及败亡的原因。这也是当时其他优秀知识分子所未曾做到的。

与黄宗羲一样，顾炎武早年有抗清的背景。家乡昆山在抗清时，死难四万余人。顾炎武的两个弟弟被杀，生母重伤，嗣母绝食而死。顾炎武一直与反清武装保持着秘密联系，因此遭人告发，被拘留，被击伤。直到目睹反清无望，才投身于旅行考察和学术研究。

我本人对顾炎武最为着迷的，是他在长途苦旅时的生命状态。他骑在马背上，以沿途所见所闻对比着古代经典。他记性好，很多经典都能默诵出来。有时几句话忘了，就下马，从那匹骡子驮着的书袋中找到原文来核查。这种在山川半道上核查书籍的情景，令我十分神往。他有一句诗，很早就打动了我的心，叫作"**常将汉书挂牛角**"。把一部《汉书》挂在牛角上，这牛也就成了一个移动图书馆，这人也就成了一个没有终点的旅行者。那么，此时此刻的中国文化正与一个自由的灵魂一起，在山川间流浪。

顾炎武最后在山西曲沃骑马时失足坠地而去世。这真是一个毕生的旅行者，连死都死在马下。

"三剑客"的第三名王夫之与黄宗羲、顾炎武一样，一直在改朝换代之际寻找着抗清复明的机会，屡屡碰壁，满心郁愤。他一次次长途奔走，例如在酷暑中到湘阴，调解反清武装力量内部的矛盾，后来又向辰溪、沅陵一带出发，试图参加反清队伍，只不过没有走通。他甚至在清政权建立后参加过"衡山起义"，溃败而脱逃。后来，他看到反清复明已经无望，而反清的队伍内部又矛盾重重，就改名换衣，自称徭人，独自讲学和著作。

王夫之对社会历史的批判，与黄宗羲、顾炎武很接近，同样是对君主专制提出了明确的否定。在批判儒家的理学和心学上，他可能比黄宗羲和顾炎武更彻底。

王夫之遇到的致命障碍，与"三剑客"里的其他两位一样。

第一，他们为社会看病、把脉，把病情说得很准，但找不到医病的药方。他们也开了一些药方，却不知道药从哪里找，怎么配，怎么吃。

第二，他们承担了启蒙的责任，但找不到真正的"被启蒙者"。他们也有不少读者，但与全社会的整体启蒙，还有漫长的距离。

前不久，王夫之的家乡湖南衡阳，要建造一幢高大壮丽的楼宇来纪念他，当地很多文人学者选来选去，选中我为"夫之楼"题名。我在接到邀请的三天之内，就写了"夫之楼"三字送去。很快就有照片传来，夫之楼确实非常雄伟，中间牌匾上刻着的，正是我写的那三个字。这也就让我表达了对这位杰出思想家的崇拜。

在这"三剑客"之后，中国的精神思想领域，就很难找到这样的血性男儿了。在他们身后，清代出现过"康雍乾盛世"，后来又必然地走向衰弱。但是，即使是所谓"盛世"，也不是他们几位愿意看到的模样。"文字狱"变本加厉，言论自由被全面扼杀，再有学问的文人学士，也只能投身在考据学中整理古籍，或者参与国家级的"盛典"《古今图书集成》、《四库全书》的编修。这种文化工程当然也很有意义，但在整体文化走向上，已陷入"以保守取代创新"、"以国粹对峙世界"的迷途。在"三剑客"相继谢世的一个半世纪之后，整个中华民族和中国文化，几乎陷于灭顶之灾。直到以鸦片战争为标志的千年败局终于横亘在眼前的时候，我想，九天之上的历历英魂都在悲呼长啸。"三剑客"身上的佩剑还未生锈，佩剑边上的披风还在翻卷。

"三剑客"的余风，投射到这场历史性灾难的前后，就出现了一些新的名字，例如龚自珍、林则徐、魏源。他们的诗句和著作触摸到了沉埋已久的历史魂魄，甚至对日本的明治维新也起到了推动作用，但中国朝野基本上没有接受他们。他们苍凉的呼吁，飘散在混乱的枪炮声中。再过半个世纪，人们才又关注到精神思想领域的另一些响亮名字，那就是康有为、梁启超、谭嗣同、严复、章太炎、孙中山。这是一群新的文化剑客，他们拼尽全力，要把中国拔离出陈腐、专制的老路。他们秉持独立而又自由的思想人格，焕发着睥睨权势、纵横天下的壮士之风，今天想来还由衷敬佩。

# 第二十五节
## 曹雪芹：几百年的等待

在瞻仰过王阳明、黄宗羲、顾炎武、王夫之这些思想家之后，我还要急切地向大家介绍一位伟大的小说家，那就是曹雪芹。正是他和《红楼梦》，一下子提振了明清两代的文化创造等级，让思想家的艰深论述也获得了一种美学平衡。

《红楼梦》不应该与《三国演义》、《水浒传》、《西游记》一起并列为"四大古典小说"，因为这太不公平——不是对《红楼梦》不公平，而是对另外三部不公平。它们是通向顶峰途中的几个路标性的山头，从来也没有想过要与顶峰平起平坐，何苦硬要拉扯在一起？

《红楼梦》的最大魅力，是全方位地探询人性美的存在状态和幻灭过程。

这部小说以宏大的结构写出了五百多个人物，其中宝黛、王熙凤、晴雯可谓千古绝笔。这么多人又分别印证了大结构的大走向，那就是大幻灭。

围绕着这个核心，又派生一系列重要的人生美学课题。

曹雪芹（吴为山雕塑作品）

例如：两个显然没有为婚姻生活做任何心理准备的男女，能投入最惊心动魄的恋爱吗？如果能，那么，婚姻和恋爱究竟哪一头是虚空的？

又如：一群谁也不安坏心的亲人，会把他们最疼爱的后辈推上绝路吗？一个拥有庞大资产和无数侍者的家庭，会大踏步地走向彻底崩溃的悲剧吗？一个艳羡于任何一个细节的乡下老太太，会是这个豪宅的最后收拾者吗？一个最让人惊惧的美丽妇人，会走向一个让任何人都怜悯的结局吗？

于是，接下来的大问题是：任何人背后真有一个"太虚幻境"吗？在这个幻境中，人生是被肯定，还是被嘲弄、被诅咒、被祝祈？在幻境和人生之间，是否有"甄贾之别"、真假之分？……

凭着这些我随手写出的问题，可以明白，《红楼梦》实在是抵达了绝大多数艺术作品都很难抵达的有关天地人生的哲思层面。

难得的是，这种哲思全部走向了诗化。《红楼梦》中，不管是喜是悲、是俗是雅，全由诗情贯串。连里边的很多角色，都具有诗人的气质。

更难得的是，无论是哲思还是诗情，最终都渗透在最质感、最细腻、最生动、最传神的笔调之中，几乎让人误会成是一部现实主义作品，甚至误会成是一部社会批判作品。幸好，对于真正懂艺术的人来说，不会产生这种误会。

比现实主义的误会更离谱的，是历史主义的误会。

有不少《红楼梦》研究者喜欢从书中寻找与历史近似的点点滴滴，然后大做文章，甚至一做几十年。这是他们的自由联想，本也无可厚非。但是如果一定要断言这是作者曹雪芹的意图，那真要为曹雪芹抱屈了。作为这么一位大作家，怎么会如此无聊，成天在自己的天才作品中按钉子、塞小条、藏哑谜、挖暗井、埋地雷？在那些研究者笔下的这个曹雪芹，要讲历史又不敢讲，编点儿故事偷着讲，讲了谁也听不懂，等到几百年后才被几个人猜出来……这难道会是他？

不管怎么说，真正的曹雪芹实实在在地打破了明清两代的文化郁闷。有一次我曾打趣说，也许，几百年缺少文学星座的遗憾，正在为他的出场做反面铺垫。也就是说，几百年都在等待他。

中国文脉本该抱怨明清两代的，却不必抱怨了，因为有了曹雪芹和《红楼梦》。这是可以与屈原、陶渊明、李白、杜甫、苏东坡比肩的健脉和神脉。这个人和这本书，写尽了人间幻灭，却没有让中国文脉幻灭，真该深谢。

　　这样一部杰作，引来了数量巨大的"红学家"群体，他们研究小说的各种细节，更对曹雪芹家族和他本人进行了大规模的考证。我如果想用最简单的几句话向年轻的读者朋友略做介绍，那就是：在清代的"康雍乾盛世"中，曹家在康熙初年发达，雍正初年被查，乾隆初年破落。曹雪芹过了十三年的贵族生活后，辛苦流离，三十八岁开始写这本书，四十八岁就去世了。

# 第二十六节
# 他们的共性

梳理中国文脉这件事，我已经做了整整二十年。

我在《中国文脉》一书的开头，论述了文脉的定义、形态和几项特征。这儿就不重复了。但我希望读者朋友能够重视文脉是"最高等级的生命潜流"这个提法。

堂堂文脉，居然是潜流？

一点不错，是潜流。中国有一个惯常思维，以为凡是重要的东西总是热闹的、展示的、群集的。这种现象当然也有，但是，如果要在重要里边寻找更重要、最重要的元素，那就对不起，一切都反了过来，是冷清的、内敛的、孤独的了。正是这些元素，默默地贯通了千年，构成了一种内在生命，这就是"生命潜流"。

我在梳理过程中，也经历了由热闹归冷清，由作品归作者，由群体归个人的一次次转折。终于，在最高等级上，留下了为数不多的一些寂寞灵魂。他们，正是中国文脉的维系环扣，却维系在安静中。

他们，就是庄子、屈原、司马迁、陶渊明、李白、杜甫、王维、白居易、李商隐、苏东坡、陆游、辛弃疾、李清照、关汉卿、王实甫、汤显祖、曹雪芹。

我们把他们称为得脉者、执脉者。

他们后来都很出名，而出名必然带来误解。为了消除误解，我想在《中国文脉》这本书之外专讲一课，谈谈这些得脉者、执脉者的共性。以往，人们总是以为这样的旷世天才，只有个性，没有共性。

第一个共性，他们都是创造者。

这好像是废话，但针对性很明确，因为不少研究者总喜欢把他们说成是继承者。那些研究者认为，脉，就是前后贯通，因此"继往开来"是得脉者的使命。

真实情况并非如此。所谓"继往开来"，是后人返观全局时的总体印象，并非得脉者的故意追求。这正像雄伟山脉中的群峰，每一座山峰本身各具姿态，并不是考虑到前后左右的承续关系才故意生成这样的。同样，文脉的每一个得脉者，都是一种"自立存在"，而不是"粘连存在"。他们只埋首于自己的创造，力求创造的精彩。因此，他们必须摆脱因袭的重担。追求标新立异、石破天惊，是他们的共同特点。

他们当然有很好的文化素养，熟悉前辈杰作，但一定不会把很多精力花在蒙尘的陈迹之间。这有三个原因——

第一，前辈杰作再好，也是一种"异体纹样"。创造者的着力点，只能在本体，而本体的自我觉醒和深入开掘，都非常艰难。

第二，执着前辈杰作，容易产生一种不自觉的"近似化暗示"，这是创造的敌人。哪怕在自己的创作间有淡淡的沿袭印痕，也会遭到他人的嘲笑。因此，创造者不会在自己的道路上留下一个个颓老的陷阱。

第三，创造的最好时机，应在生命力勃发的青春年月，但是，这年月远比想象的更短暂、更易逝，因此也更珍贵。创造者哪里舍得把这种无限珍贵，抛掷在死记硬背的低智游戏中？他们，实在没有时间。

正是出于以上这三个原因，所有的得脉者都不会让古人的髯须来缚羁自己的脚步，而只会抢出分分秒秒的时间开发自己，开发当下，开发未来。

这中间，司马迁似乎是个例外。但是，作为历史学家的他，过往的史料只是他进行文化建设的素材，就像画家让山入画，乐师让风入乐，而不会成为山和风的附庸。司马迁也不是传统的附庸，而是中国历史思维的开创者。在宏大的叙事文学上，他更有开天辟地之功。

至于其他得脉者，请排一排，有哪一个不是纯粹的创造者？

事实反复证明，历史上最精彩的段落，总是由创造者的脚步踩出。文脉，本应处于一切创造之先。捡拾脚边残屑的那些人，虽然辛劳可嘉，却永远不可能是文脉的创造者。他们如果"呼诱"很多人一起来做那样的事，那么这条路的性质就变了，很快就会从通向未来的地图上删除。

中国文脉的曲线告诉我们，任何一个时代，如果以"捡拾"和"缅怀"为主轴，不管用什么堂皇而漂亮的借口，文脉必然衰滞。这些时代固然也会出现不少淹博的学者，但从长远看，那只是黯淡的历史篇页。

第二个共性，他们都是流放者。

这儿所说的"流放"，有被动的，也有主动的。得脉者即使处于"被动流放"状态，迟早也会进入"主动流放"境界。

主动流放，就是长为异乡人，永远在路上，处处无家处处家。

从表面看，这种流放，能让他们感受陌生的自然空间，体察大地的苦乐情仇，使他们的创作更有厚度。但是，从深层看，比自然空间更重要的是生命空间。流放，使他们发现了一个与以前不同的自己。他们曾经为此而痛苦，而慌张，而悲叹，而自嘲，结果，生命因此而变异，而扩大，而提升。

这些得脉者，多数走了很远的路。即使走得不太远，精神跋涉的途程也非常艰辛。他们同时进行着两层迁徙：生态的迁徙和精神的迁徙。既挥别一个个旧居所，又迎来一层层新感悟。

这里所说的流放，大多是向陌生天地冒险，往往没有"安居乐业"可言。"安居乐业"是民众的向往，但对于得脉者而言，却常常会自动打破。

主动流放还要跨过更大的门槛。

年纪轻轻就逃出冠缨之门、诗礼之家，就是放弃体制的佑护而独立闯荡。当然，更令人瞩目的是背离官僚体制而飘然远行，既潇洒放达，又艰难重重。这一关，对于得脉之人是生死大关。出之者生，入之者死，可谓"出生入死"。

官场未必是罪恶之地，历来总有一些好官为民造福，而且少数高官也是不错的文人。但是，若要成为文脉中的得脉者，却迟早会脱离那个地方。也就是说，不管是撤职还是辞职，都应该流放。

这是因为，即便是世间最明智、最理性的官场，它所需要的功绩、指令、关系、场面、服从，也与最高等级的文化创造格格不入。当然，更不要说寻常官场的察言观色、独断专行、任人唯亲、尔虞我诈了。

我这么说，并不是冀求以最高文化标准来营造官场。其实这是两个完全不同的领域，有着各自不同的逻辑。如果让前面列举的这些得脉者成了官场调度者，情况可能更糟。

顺着这个思路，人们也无法接受以官场逻辑来设计文脉、勾画文脉、建造文脉。这种现象，古已有之，皆成笑柄。

还是让杰出的文化创造者们流放在外吧。流放在传承之外，流放在定位之外，流放在体制之外，流放在重重名号和尊荣之外。只有当他们"失踪"了，文脉才有可能回来。

第三个共性，他们都是无助者。

这是流放的结果，说起来有点不忍，却也无可奈何。

请再看一遍我列出的得脉者名单，当他们遇到巨大困苦乃至生命威胁的时候，有谁帮助过他们？没有，总是没有。

这很奇怪，但粗粗一想，就知道原因了。

原因之一，当巨大困苦降临的时候，能够有效帮助他们的，只能是体制，其中包括官方体制、财富体制、家族体制，但他们早就远离体制之外；原因之二，由于他们的精神等级太高，一般民众其实并不了解他们，因此很少伸出援手；原因之三，他们都很出名，因此易遭嫉妒，即便有难，也会被幸灾乐祸者观赏。

回想一下，这些得脉者的履历，不都是这样吗？

我知道这是必然，已经硬了心肠。但是，想到屈原不得不沉江，想到司马迁哽咽着写《报任安书》，想到李白受屈时"世人皆欲杀"，想到苏东坡被捕后试图跳水自沉，想到曹雪芹在"蓬牖茅椽，绳床瓦灶"中只活了四十几岁，还是一次次鼻酸。

即便是好心人想帮助他们，也很难，因为不知道他们在哪里。为此，当我知道苏东坡在监狱里天天遭受垢辱逼拷时，居然有一个狱卒为他准备了洗脚热水，感动得热泪盈眶。我还特地查到了这个狱卒的名字，叫梁成。

我这么写，容易让人产生一种误会，以为不懂得保护文化天才，是中国特有的民族劣根性。其实，这里触及的是人类通病。我曾长期研究欧洲文化史，写过很多文章告诉读者，塞万提斯、莎士比亚、伦勃朗、莫扎特、凡·高的遭遇也相当不好，他们显然都是欧洲文明的得脉者。

那么，怎么办呢？

没有满意的答案。

我想，对于杰出的文化创造者而言，应该接受这种孤独无助的境界。

既然已经决定脱离，决定流放，决定投入突破任何传承的创造，那么，无助是必然的。抱怨，就该回去，但回去就不是你了。那就不如把自己磨炼得强健蛮犷，争取在无助的状态下存活得比较长久。

对于热爱文化的民众而言，虽然不要求你们及时找到那些急需帮助的文化创造者，却希望你们随时做好发现和帮助的准备。尽管，这未必有用。因为在司马迁、李白、苏东坡他们受苦受难的时候，当时何尝无人试图润泽文化、施以援手？但必然地，总是失之交臂，两相脱空。也许今天我们会认为，现在好了，最优秀的文化创造者都被很多协会、大学、剧团照顾着呢。但是，如果我们的目光能够延伸到百年之后，再返观现在，一定会惊奇地发现，情况完全不是如此。

怎么办呢？我想，不能要求广大民众发现旷世人才，却不妨在社会上建立一个戒律：永远不要去伤害一个你并不了解、并不熟悉的文化创造者。任何政治斗争、传媒风潮、社会纠纷，一旦涉及他们，都不要起哄。他们也可能做了傻事，说了错话，情绪怪异，不擅辩解，大家都应该尽量宽容。千万不要再度出现大家都在诵读着李白的诗，但他一旦受困便"世人皆欲杀"的可怕情景。

加害者们很可能指着被害者说："他不可能是李白！"当然不是，但数千年来，有多少个"疑似李白"被伤害了。这种伤害，未必是真的屠杀，还包括群贬、冷冻、闲置、喧哗、谣诼、分隔、暗驱。伤害这样的人非常轻便，遇不到任何反抗，但是中国文脉恰恰维系在这些软弱的生命之上。

# 第二十七节
## 两位学者的选择

从十九世纪晚期到二十世纪前期，中国文化经历了一次生死选择。在这过程中，两位学者起到了至关重要的作用。

他们是中国文化在当时的最高代表。他们对传统文化的精熟程度和研究深度，甚至超过了唐、宋、元、明、清的绝大多数高层学者。因此，他们有一千个理由选择保守，坚持复古，呼唤国粹，崇拜遗产，抗拒变革，反对创新，抵制西学。而且，他们这样做，即使做得再极端，也具有天经地义的资格。

但是，奇怪的是，他们没有做这样的选择。甚至，做了相反的选择。

正因为这样，在中国文化的痛苦转型期，传统文化没有成为一种强大的阻力。这是一件非常了不起的大事，仅仅因为两个人，一场文化恶战并没有发生。局部有一些冲突，也形不成气候，因为"主帅中的主帅"，没有站到敌对营垒。

这两人是谁？

一是章太炎，二是王国维，都是浙江人。

仅凭这一点，浙江的文化贡献就非同小可。后来浙江也出了一批名气很大的文化人，但是即使加在一起，也比不上章太炎或王国维的一个转身。他们两人深褐色的衣带，没有成为捆绑遗产的锦索，把中国传统文化送上豪华的绝路。他们的衣带飘扬起来，飘到了新世纪的天宇。

我曾经说过，在黄宗羲、顾炎武、王夫之这组杰出的"文化三剑客"之后，清代曾出现过规模不小的"学术智能大荟萃"。一大串不亚于人类文明史上任何学术团体的渊博学者的名字相继出现，例如戴震、江永、惠栋、钱大昕、段玉裁、王念孙、王引之、汪中、阮元、朱彝尊、黄丕烈等等。他们每个人的学问，几乎都带有历史归结性。这种大荟萃，在乾隆、嘉庆年间更是发达，因此称之为"乾嘉学派"。但是，由于清代极其严苛的政治禁忌，这么多智慧的头脑只能通过各种艰难的途径来搜集、汇勘、校正古代经典，并从音韵学、文字学上进行最为精准的重新读解。乾嘉学派分吴派和皖派，皖派传承人俞樾的最优秀弟子就是章太炎。随着学术群星的相继殒落，章太炎成了清代这次"学术智能大荟萃"的正宗传人，又自然成了精通中国传统文化的最高代表和最后代表。

而且，他的这个身份获得学术界、文化界的公认。

但是，最惊人的事情发生了。这个古典得不能再古典、传统得不能再传统、国学得不能再国学的世纪大师，居然是一个最勇敢、最彻底的革命者！他连张之洞提倡的"**中学为体，西学为用**"方案也不同意，反对改良，反对折中，反对妥协，并为此而"**七被追捕，三入牢狱，而革命之志终不屈挠者，并世亦无第二人**"（鲁迅语）。

"并世亦无第二人"，既表明是第一，又表明是唯一。请注意，这个在革命之志上的"并世亦无第二人"，恰恰又是在学术深度上的"并世亦无第二人"。两个第一，两个唯一，就这样神奇地合在一起了。

凭着章太炎，我们可以回答现在社会上那些喧嚣不已的复古势力了。他们说，辛亥革命中断了中国文脉，因此对不起中国传统文化。章太炎的结论正好相反：辛亥革命，是中国传统文化的自我选择，也是中国文脉的自我选择。在他看来，除了脱胎换骨的根本性变革，中国文化已经没有出路。

再说说王国维。他比章太炎小八岁，而在文化成就上，却超过了章太炎。如果说，章太炎掌控着一座伟大的文化庄园，那么王国维却在庄园周边开拓着一片片全新的领土，而且每一片都前无古人。例如，他写出了第一部真正意义上的中国戏剧史，对甲骨文、西北史地、古音、训诂、《红楼梦》的研究都达到了划时代的高度。而且，他在研究中运用的重要思想资源，居然有很大一部分来自于德国哲学家叔本华和康德。由于他，中国文化界领略了"直觉思维"，了解了"生命意志"。他始终处于一种国际等级的创造状态，正如陈寅恪先生评价的，他发挥着"独立之精神，自由之思想"。他后来的自杀，是对他以全新观念清理过的中国传统文化的祭奠，也反映出二十世纪的中国社会现状与真正的大文化还很难融合。

两位文化大师，一位选择了革命，一位选择了开拓，一时让古老的中国文化出现了勇猛而又凄厉的生命烈度。这种生命烈度，可以使他们耗尽自己，却从根子上点燃了文化基因。为此，我们不能不对这两位归结型又开创型的大学者，表示最高的尊敬。

我回想世界历史上每一个古典文明走向陨灭的关键时刻，总有几位"集大成"的银髯长者在做最后的挣扎，而且，每次都是以他们生命的消逝代表一种文明的死亡。章太炎、王国维都没有银髯，但他们也是这样的集大成者，他们也有过挣扎，却在挣扎中创造了奇迹，那就是没有让中华文明陨灭。我由此认定，他们的名字应该在文明史上占据更重要的地位。

他们两位是参天高峰，却也容易让我们联想到身边的一些丘壑。回忆平生遇到过的所有文化巨匠，没有一个是保守派。而那些成天高喊"国学"、"国粹"的复古主义者，却没有一个写得出几句文言，读得下半篇《楚辞》。

真正热爱某个行当的人，必定为除旧布新而伤痕累累。天天在保守的村寨口敲锣打鼓的人，却一定别有所图，需要多加提防。

**图书在版编目（CIP）数据**

给青少年的中国文化课 .2，记住这些名字 / 余秋雨
著 .— 北京：北京联合出版公司，2020.6
ISBN 978-7-5596-4144-1

Ⅰ . ①给 … Ⅱ . ①余 … Ⅲ . ①中华文化－青少年读物
Ⅳ . ① K203-49

中国版本图书馆 CIP 数据核字（2020）第 057986 号

**给青少年的中国文化课 .2，记住这些名字**

作　　者：余秋雨
责任编辑：刘　恒
排版制作：今亮后声 HOPESOUND
pankouyugu@163.com

北京联合出版公司出版
（北京市西城区德外大街 83 号楼 9 层　　100088）
北京盛通印刷股份有限公司印刷　　新华书店经销
字数 106 千字　　880 毫米 ×1230 毫米　　1/32　　印张 6.25
2020 年 6 月第 1 版　　2020 年 6 月第 1 次印刷
ISBN 978-7-5596-4144-1
定价：32.00 元